식품표시
광고법과
수입식품법
해설

식품표시·광고법과 수입식품법 해설

발행일   2023년 3월 3일

지은이   박준현
펴낸이   손형국
펴낸곳   (주)북랩
편집인   선일영   편집   정두철, 배진용, 윤용민, 김부경, 김다빈
디자인   이현수, 김민하, 김영주, 안유경   제작   박기성, 황동현, 구성우, 배성진
마케팅   김회란, 박진관
출판등록 2004. 12. 1(제2012-000051호)
주소   서울특별시 금천구 가산디지털 1로 168, 우림라이온스밸리 B동 B113~114호, C동 B101호
홈페이지 www.book.co.kr
전화번호 (02)2026-5777   팩스   (02)3159-9637

ISBN   979-11-6836-750-0 13360 (종이책)   979-11-6836-751-7 15360 (전자책)

(주)북랩 성공출판의 파트너

북랩 홈페이지와 패밀리 사이트에서 다양한 출판 솔루션을 만나 보세요!

홈페이지 book.co.kr   •   **블로그** blog.naver.com/essaybook   •   **출판문의** book@book.co.kr

작가 연락처 문의 ▶ ask.book.co.kr

작가 연락처는 개인정보이므로 북랩에서 알려드릴 수 없습니다.

식품산업 종사자와 관련학과 전공자를 위한

식품표시
광고법과
수입식품법
해설

박준현 지음

현장에서 바로 적용할 수 있는 통합 지침서!
예제를 통하여 실무에서 어려운 부분들을
명쾌하게 풀어준다!

🐦 북랩

책머리에

지난 가을, 국내 한 이커머스 기업으로부터 자사 제품들의 표시·광고에 대한 검토 요청을 받고 수백 종의 제품을 검토하면서, 중소기업은 물론 대기업 제품까지도 소소하지만 규정에 어긋나는 표시가 되어 있음을 흔히 보았다. 이는 실무자 입장에서 법률부터 각종 고시에 이르기까지 복잡한 관련 규정들을 검토해 내는 것이 결코 쉬운 과정이 아님은 물론이고 규정에 대한 해석의 차이도 발생할 수 있었기 때문일 것이다.

식품 기업들의 표시 오류의 주된 원인이 이 같은 복잡한 규정에 대한 의문 등을 즉각적으로 해소할 만한 현실적인 방안이 충분치 않다는 것이다. 물론 국민 신문고를 통하거나 식약처 등 관련 부처와 민원 상담을 통해 확인은 가능하지만, 국민 신문고는 2주 또는 그 이상의 기일이 소요될 수 있고 식약처의 해당 민원에 대한 유선 연결은 결코 쉽지가 않다는 점에서 항상 급박하게 돌아가는 업무 현장의 실무 담당자에게는 그 실효성이 떨어질 수밖에 없다고 보여진다.

저자는 실무 담당자들이 현장에서 쉽게 찾아볼 만한 통합된 지침서가 있으면 좋을 것 같다는 취지에서 이 책을 저술하게 되었고 또한 식품 관련 전공자나 식품 제조, 유통 등 관련 기업에 취업하고자 하는 예비 식품인들도 이 책을 통해 식품의 제조부터 유통에

이르는 과정의 일부인 표시·광고에 대한 이해의 폭을 넓히고 전반적인 식품 산업에 대한 통찰을 가질 수 있는 기회가 되었으면 한다.

이 책은 크게 식품 등의 표시·광고법 관련 법령과 수입 식품 안전 관리 특별법 관련 법령의 두 가지 법령에 대해 기술하였다. FTA 등으로 인해 보다 자유화된 교역 환경과 국민 소득 중대는 다양한 식품류의 소비를 불러왔고, 이는 외국으로부터 최종 완제품 수입의 증가뿐만 아니라 국내에서 제조된 제품일지라도 이미 그 원재료의 상당한 부분은 수입 원재료가 차지하게 되었다. 따라서 식품 등의 표시 기준에 대한 각종 규정들은 수입 식품을 포함하고 있지만, 실무 영역에서는 수입 식품에 대한 검사와 관련된 규정이나 해외 작업장 등록 관련 규정 등에 대한 이해 역시 필요할 것으로 보아 이 책에서는 이를 Ⅰ편과 Ⅱ편으로 나누어 기술하였다.

독자들의 이해를 돕고자 관련 규정들에 대한 예제를 만들어 제공하였는데, 이 예제들은 실무에서 문의가 많았거나 충분히 혼동의 가능성이 클 것으로 보여지는 것 위주로 작성하였다. 하지만 이러한 예제를 만드는 것에 대해 저자 역시 매우 민감할 수밖에 없었던 것은 규정에 대한 저자의 해석 또한 주관적일 수밖에 없었다는 것이며, 독자들도 이를 감안해 주기를 바란다.

이 책을 저술하는 내내 저자의 머릿속은 부족함이었다. 첫술에 배부르기를 바라는 것 역시도 욕심일 수 있다는 마음에 감히 부족한 졸저를 독자들에게 바치게 되었으며, 이 책이 복잡한 표시·광고 관련 규정을 이해하고 현장에서 적용하는 데에 조금이나마 도움이 되었으면 한다.

이 책을 저술하는 과정에서 조언을 아끼지 않으셨던 송종호 경북대학교 경영학부 명예 교수님, 법률 해설서인 이 책의 모든 내용들을 꼼꼼하게 감수해 주신 법무법인 바른 옥종호 변호사님 그리고 저자와 20여 년을 신영관세사에서 동고동락하면서 모든 희노애

락을 함께한 친동생 같은 김병연 관세사에게 이 자리를 통해 다시 한번 깊은 감사를 드린다.

끝으로 이 책의 출간을 허락해 주신 북랩 출판사 대표님과 편집을 담당해 주신 모든 분들에게도 깊은 감사의 말씀을 전한다.

2023년 2월
논현동 연구소에서 저자 씀

차 례

I
식품 표시·광고 관련 법규

II
수입 식품법 등 관계 법령

I

식품 표시
광고 관련
법규

식품 등의 표시·광고에 관한 법률(약칭: 식품표시광고법)은 2018년 3월 14일 제정, 2019년 3월 14일 시행 이후 현재까지 여섯 번의 개정이 되고 있다. 식품표시광고법의 제정 이유는 「식품 위생법」, 「건강 기능 식품에 관한 법률」 및 「축산물 위생 관리법」에 분산되어 있는 식품 등의 표시·광고에 관한 규정을 통합하는 동시에 식품 등의 표시의 기준에 관한 주요 내용을 법률로 규정함으로써 식품·건강 기능 식품·축산물·수입 식품 등 관련 영업자들이 표시·광고 규제의 주요 내용을 쉽게 파악할 수 있도록 하고, 영업자가 식품 등에 관하여 국민들에게 정확한 정보를 제공하도록 하기 위하여 사행심을 조장하거나 음란한 표현을 사용하여 공중도덕이나 사회 윤리를 현저하게 침해하는 부당한 표시·광고를 금지하며, 「식품 위생법」 및 「건강 기능 식품에 관한 법률」에 따른 기능성 표시·광고 사전 심의를 폐지하고 식품 관련 단체에서 부당한 표시·광고 행위를 자율적으로 심의하는 기구를 운영할 수 있는 근거를 마련하려는 것이다.

이 같은 식품표시광고법의 주요 내용은

가. 식품 등의 표시의 기준에 관한 주요 내용 상향 입법 (제4조)

식품의약품안전처장이 고시로 정하도록 하고 있는 식품, 식품 첨가물, 기구 및 용기·포장의 표시에 관한 사항 중 주요 내용을 법률로 정하여 식품·건강 기능 식품·축산물·수입 식품 등 관련 영업자들이 표시·광고 규제의 주요 내용을 쉽게 파악하고 이해할 수 있도록 한다.

나. 식품 등의 표시·광고의 금지의 유형 확대 (제8조 제1항 제8호)

현재 「건강 기능 식품에 관한 법률」, 「식품 위생법」 및 「축산물 위생 관리법」에서 금지한 식품 등의 표시·광고의 유형 외의 유형으로서 사행심을 조장하거나 음란한 표현을 사용하여 공중도덕이나 사회 윤리를 현저하게 침해하는 표시·광고를 추가한다.

다. 식품 등의 표시·광고 내용의 실증(實證) 등(제9조)

식품 등을 표시·광고한 자는 자기가 한 표시·광고 중 사실과 관련한 사항에 대하여 실증할 수 있도록 하고, 식품의약품안전처장은 식품 등의 표시·광고가 부당한 표시·광고로서 실증이 필요하다고 인정하는 경우에는 해당 식품 등을 표시·광고한 자에게 실증 자료를 제출할 것을 요청할 수 있도록 한다.

라. 식품 등의 표시·광고의 자율 심의 (제10조)

현재 「건강 기능 식품에 관한 법률」 및 「식품 위생법」에 따른 사전심의 제도를 폐지하고, 「식품 위생법」에 따른 동업자 조합, 한국식품산업협회 및 「건강 기능 식품에 관한 법률」 제28조에 따른 단체 중 부당한 표시·광고를 방지하기 위한 조직을 운영하는 자는 식품의약품안전처장에게 그 운영 사실을 등록하도록 한다. (법제처 제공)

〈법령 체계도〉 식품 등의 표시·광고에 관한 법률

〈법률〉 식품 등의 표시·광고에 관한 법률[시행 2021. 9. 18.] [법률 제18445호, 2021. 8. 17., 일부 개정]
〈시행령〉 식품 등의 표시·광고에 관한 법률 시행령[시행 2022. 6. 7.] [대통령령 제32686호, 2022. 6. 7., 일부 개정]
〈시행 규칙〉 식품 등의 표시·광고에 관한 법률 시행 규칙 [시행 2022. 6. 30.] [총리령 제1813호, 2022. 6. 30., 일부 개정]
행정 규칙
〈고시〉 건강기능식품의 표시 기준 [시행 2022. 8. 12.] [고시 제2022-59호, 2022. 8. 12., 일부 개정]
〈고시〉 나트륨 함량 비교 표시 기준 및 방법 [시행 2022. 1. 1.] [고시 제2019-32호, 2019. 4. 29., 일부 개정]
〈고시〉 나트륨·당류 저감 표시 기준 [시행 2022. 6. 10.] [고시 제2022-42호, 2022. 6. 10., 일부 개정]
〈고시〉 소·돼지 식육의 표시 방법 및 부위 구분 기준 [시행 2019. 12. 1.] [고시 제2019-113호, 2019. 11. 27., 일부 개정]
〈고시〉 식품 등의 표시 또는 광고 실증에 관한 규정 [시행 2019. 7. 30.] [고시 제2019-67호, 2019. 7. 30., 제정]
〈고시〉 식품 등의 표시 기준 [시행 2024. 1. 1.] [고시 제2022-66호, 2022. 9. 6., 일부 개정]
〈행정 규칙〉
부당한 표시 또는 광고로 보지 아니하는 식품 등의 기능성 표시 또는 광고에 관한 규정 [시행 2023. 1. 1.] [고시 제2022-25호, 2022. 3. 31., 타 법 개정]
식품 등의 부당한 표시 또는 광고의 내용 기준 [시행 2021. 11. 10.] [고시 제2021-89호, 2021. 11. 10., 일부 개정]
식품 등의 표시 또는 광고 심의 및 이의 신청 기준 [시행 2019. 3. 22.] [고시 제2019-23호, 2019. 3. 22., 제정]
〈행정 규칙〉
〈예규〉 식품 등의 표시 광고 자문 위원회 규정 [시행 2019. 3. 22.] [예규 제125호, 2019. 3. 22., 제정]

제1장

식품 등의 표시

식품 등의 표시 기준에 관한 고시[1]에서 규정하는 표시 기준의 목적은 식품, 축산물, 식품 첨가물, 기구 또는 용기·포장의 표시 기준에 관한 사항, 소비자 안전을 위한 주의사항 및 영양 성분 표시 대상 식품의 영양 표시에 관하여 필요한 사항을 규정함으로써 위생적인 취급을 도모하고 소비자에게 정확한 정보를 제공하며 공정한 거래의 확보가 목적이다. (식품 등의 표시 기준 I.1.1)

본 장에서는 식품 등의 표시 기준에 관한 고시를 바탕으로 식품 표시 관련 법령은 물론 그 외 유관 법령(타 법 포함)까지 함께 확인해 볼 것이다.

---

1) 식품 등의 표시 기준
   [시행 2023. 1. 1.] [식품의약품안전처고시 제2022-25호, 2022. 3. 31., 일부 개정]

제1절

식품 등의 표시 일반

1. 표시 의무자

식품표시광고법 시행 규칙[2] 제4조에서 규정하는 표시 의무자는 다음과 같다.

법령	표시 의무자
식품 위생법 시행령	식품 제조·가공업을 하는 자(식용 얼음의 경우에는 용기·포장에 5킬로그램 이하로 넣거나 싸서 생산하는 자만 해당한다)
	즉석 판매 제조·가공업을 하는 자
	식품 첨가물 제조업을 하는 자
	식품 소분업을 하는 자, 식용 얼음 판매 업자(얼음을 용기·포장에 5킬로그램 이하로 넣거나 싸서 유통 또는 판매하는 자만 해당한다), 집단 급식소 식품 판매업을 하는 자
	용기·포장류 제조업을 하는 자
축산물 위생 관리법 시행령	도축업을 하는 자(닭·오리 식육을 포장하는 자만 해당한다)
	축산물 가공업을 하는 자
	식용란 선별 포장업을 하는 자
	식육 포장 처리업을 하는 자
	식육 판매업을 하는 자, 식육 부산물 전문 판매업을 하는 자, 식용란 수집 판매업을 하는 자
	식육 즉석 판매 가공업을 하는 자
건강 기능 식품에 관한 법률	건강 기능 식품 제조업을 하는 자

---

2) [시행 2023. 1. 1.] [총리령 제1813호, 2022. 6. 30., 일부 개정]

수입 식품 안전 관리 특별법 시행령	수입 식품 등 수입·판매업을 하는 자
축산법	가축 사육업을 하는 자 중 식용란을 출하하는 자
시행 규칙	농산물·임산물·수산물 또는 축산물을 용기·포장에 넣거나 싸서 출하·판매하는 자
식품표시광고법	기구[3]를 생산, 유통 또는 판매하는 자

자료: 식품표시광고법 시행 규칙 제4조 편집

---

3) "기구"란 「식품 위생법」 제2조 제4호에 따른 기구(해외에서 국내로 수입되는 기구를 포함한다)를 말한다(식품표시광고법 제2조 제3호).

2. 식품 등의 표시 사항

식품 등의 표시 의무자는 식품표시광고법[4]의 표시 기준에 따라 표시를 하여야 한다.
다만 모든 식품에 동일한 기준이 적용될 수는 없으며 그 일부만을 표시할 수 있다(식품
표시광고법 제4조).

구분	표시 사항
식품, 식품 첨가 물 또는 축산물	1. 제품명, 내용량 및 원재료명 2. 영업소 명칭 및 소재지 3. 소비자 안전을 위한 주의 사항 4. 제조 연월일, 소비기한 또는 품질 유지 기한 5. 그 밖에 소비자에게 해당 식품, 식품 첨가물 또는 축산물에 관한 정보를 제공하기 위하여 필요한 사항으로서 총리령으로 정하는 사항 ☞ 총리령으로 정하는 사항(규칙 제3조(표시 사항)) 가. 식품 유형, 품목 보고 번호 나. 성분명 및 함량 다. 용기·포장의 재질 라. 조사처리(照射處理) 표시 마. 보관 방법 또는 취급 방법 바. 식육(食肉)의 종류, 부위 명칭, 등급 및 도축장명 사. 포장 일자, 생산 연월일 또는 산란일
기구 또는 용기·포장	1. 재질 2. 영업소 명칭 및 소재지 3. 소비자 안전을 위한 주의사항 4. 그 밖에 소비자에게 해당 기구 또는 용기·포장에 관한 정보를 제공하기 위하여 필요 한 사항으로서 총리령으로 정하는 사항 ☞ 총리령으로 정하는 사항(규칙 제3조(표시 사항)) 식품용이라는 단어 또는 식품용 기구를 나타내는 도안을 말한다.

---

4) [시행 2021. 9. 18.] [법률 제18445호, 2021. 8. 17., 일부 개정]

건강 기능 식품	1. 제품명, 내용량 및 원료명(함량) 2. 영업소 명칭 및 소재지 3. 소비기한 및 보관 방법 4. 섭취량, 섭취 방법 및 섭취 시 주의 사항 5. 건강 기능 식품이라는 문자 또는 건강 기능 식품임을 나타내는 도안 6. 질병의 예방 및 치료를 위한 의약품이 아니라는 내용의 표현 7. 기능 정보 표시[5] 8. 영양 정보 표시[6](규칙 별표4 영양 표시 대상 식품) 9. 그 밖에 소비자에게 해당 건강 기능 식품에 관한 정보를 제공하기 위하여 필요한 　　사항으로서 총리령으로 정하는 사항 　　　☞ 총리령으로 정하는 사항(규칙 제3조(표시 사항)) 　　　1. 원료의 함량 　　　2. 소비자 안전을 위한 주의 사항

---

5)　제품의 일정량에 함유된 기능성분 또는 지표 성분의 함유 정도와 기능성 표시 등을 말한다(건강 기능 식품 표시 기준 제2조
　　10호)
6)　제품의 일정량에 함유된 영양 성분의 함량 및 영양 성분 기준치에 대한 비율 등을 표시하는 것을 말한다(건강 기능 식품 표시
　　기준 제2조 7호).

3. 식품 등의 일부 표시 적용 대상

가. 시행 규칙 제2조(일부 표시 사항)과 [별표 1]에 따라 식품 등의 일부 표시 적용 대상과 표시 사항은 아래와 같다.

적용 대상	해당 식품 등에 표시할 사항
자사 제조·가공 목적으로 수입하는 식품 등	1. 제품명 2. 영업소(제조·가공 영업소를 말한다) 명칭 3. 제조 연월일, 소비기한 또는 품질 유지 기한 4. "건강 기능 식품"이라는 문자(건강 기능 식품만 해당한다) 5. 「건강 기능 식품에 관한 법률」 제3조 제2호에 따른 기능성에 관한 정보(건강 기능 식품만 해당한다)
식품 제조·가공업, 식품 첨가물 제조업, 축산물 가공업에 사용될 원료용 식품	1. 제품명 2. 영업소의 명칭 및 소재지 3. 제조 연월일, 소비기한 또는 품질 유지 기한 4. 보관 방법 5. 소비자 안전을 위한 주의 사항 중 알레르기 유발 물질
건강 기능 식품 제조업에 사용될 원료용 식품	위 1~5와 동일 6. "건강기능식품"이라는 문자 7. 기능성에 관한 정보
가맹사에 제조·가공 또는 조리 목적으로 공급하는 식품 및 축산물	1. 제품명 2. 영업소의 명칭 및 소재지 3. 제조 연월일, 소비기한 또는 품질 유지 기한 4. 보관 방법 또는 취급 방법 5. 소비자 안전을 위한 주의 사항 중 알레르기 유발 물질 　- 판매 시점 정보 관리 시스템 등을 통해 낱개 상품 여러 개를 한 포장에 담은 제품에 대하여 1과 2 사항을 알 수 있는 경우에는 그 표시를 생략할 수 있다.
식육 판매업 및 식육 즉석 판매 가공업 영업자가 보관·판매하는 식육	1. 식육의 종류, 부위 명칭, 등급, 도축장명. 이 경우 식육의 부위 명칭 및 구별 방법, 식육의 종류 표시 등에 관한 세부 사항은 식품의약품안전처장이 정하여 고시하는 바에 따른다. 2. 소비기한 및 보관 방법. 이 경우 식육을 보관하거나 비닐 등으로 포장하여 판매하는 경우만 해당한다. 3. 포장 일자 (식육을 비닐 등으로 포장하여 보관·판매하는 경우만 해당한다)
식육 부산물 전문판매업 영업자가 보관·판매하는 식육 부산물 (도축 당일 도축장에서 위생 용기에 넣어 운반·판매하는 경우에는 도축 검사 증명서로 그 표시를 대신할 수 있다)	1. 식육 부산물의 종류(식육 부산물을 비닐 등으로 포장하지 않고 진열 상자에 놓고 판매하는 경우에는 식육 판매 표지판에 표시하여 전면에 설치해야 한다) 2. 소비기한 및 보관 방법. 이 경우 식육 부산물을 비닐 등으로 포장하여 보관·판매하는 경우만 해당한다.

나. 바코드 등으로 표시 사항 정보가 제공된 식품 등의 표시

적용 대상	해당 식품 등에 표시할 사항
식품 및 축산물	1. 제품명, 내용량 및 원재료명 2. 영업소 명칭 및 소재지 3. 소비자 안전을 위한 주의 사항 4. 제조 연월일, 소비기한 또는 품질 유지 기한 5. 품목 보고 번호
기구 또는 용기·포장	1. 재질 2. 영업소 명칭 및 소재지 3. 소비자 안전을 위한 주의 사항 4. 식품용이라는 단어 또는 식품용 기구를 나타내는 도안
건강 기능 식품	1. 제품명, 내용량 및 원재료명 2. 영업소 명칭 및 소재지 3. 소비기한 4. 건강 기능 식품이라는 문자 또는 건강 기능 식품임을 나타내는 도안 5. 「건강 기능 식품에 관한 법률」 제3조 제2호에 따른 기능성에 관한 정보 및 원료 중에 해당 기능성을 나타내는 성분 등의 함유량 6. 소비자 안전을 위한 주의 사항

4. 주표시면과 정보표시면

가. 주표시면

"주표시면"이라 함은 용기·포장의 표시 면 중 상표, 로고 등이 인쇄되어 있어 소비자가 식품 또는 식품 첨가물을 구매할 때 통상적으로 소비자에게 보여지는 면으로서 도 1에 따른 면을 말한다(식품 등의 표시 기준 I.3.거).

이러한 주표시면에는 제품명, 내용량 및 내용량에 해당하는 열량(단, 열량은 내용량 뒤에 괄호로 표시하되, 시행 규칙 제6조 관련 [별표 4] 영양표시 대상 식품 등만 해당한다)을 표시하여야 한다. 다만, 주 표시 면에 제품명과 내용량 및 내용량에 해당하는 열량 이외의 사항을 표시한 경우 정보표시 면에는 그 표시 사항을 생략할 수 있다(식품 등의 표시 기준 II.1.가.1).

나. 정보표시면

"정보표시면"이라 함은 용기·포장의 표시 면 중 소비자가 쉽게 알아볼 수 있도록 표시 사항을 모아서 표시하는 면으로서 도 1에 따른 면을 말한다(식품 등의 표시 기준 I.3.너).

이러한 정보 표시 면에는 식품 유형, 영업소(장)의 명칭(상호) 및 소재지, 소비기한(제조 연월일 또는 품질 유지 기한), 원재료명, 주의 사항 등을 표시 사항별로 표 또는 단락 등으로 나누어 표시하되, 정보표시면 면적이 $100cm^2$ 미만인 경우에는 표 또는 단락으로 표시하 지 아니할 수 있다(식품 등의 표시 기준 II.1.가.2).

주표시면과 정보표시면의 세부 표시 사항들과 글자의 크기 등은 다음 장에서 자세하게 설명할 것이다.

> 예제 "마쪼아 떡방"의 "쫀득 찹쌀떡"은 주표시면에 제품명을 표시했기 때문에 정보표시면에는 제품명을 표시하지 않았다. (O)

▶ 주표시면에 제품명을 표시한 경우라면 정보표시면에 제품명 표시를 생략할 수 있으며, 정보표시면에 제품명 표시는 의무 표시 사항이 아니다.
(식품안전나라 식품 표시·광고 FAQ 400번)

☞ "다만, 주표시면에 제품명과 내용량 및 내용량에 해당하는 열량 이외의 사항을 표시한 경우 정보표시면에는 그 표시 사항을 생략할 수 있다."는 규정은 해석에 따라 "주표시면에 표시된 제품명과 내용량 및 내용량에 해당하는 열량은 이외의 표시 사항과는 달리 정보표시면에 생략을 해서는 아니된다"는 것으로 혼동되어질 우려가 있어 향후 식약처의 검토가 필요해 보인다.

[도 1] 용기·포장의 주표시면 및 정보표시면 구분

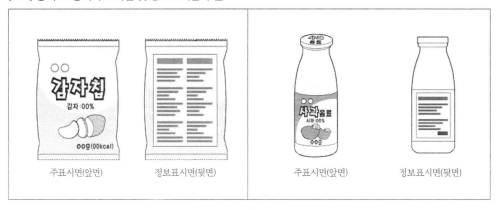

| 주표시면(앞면) | 정보표시면(뒷면) | 주표시면(앞면) | 정보표시면(뒷면) |

주표시면(앞면, 윗면)

정보표시면(뒷면)

정보표시면
(양측면)

주표시면(앞면, 윗면, 뒷면)

주표시면(표시면적의 2/3)
정보표시면(표시면적의 1/3)

주표시면(앞쪽 2개면)
정보표시면(뒷쪽 1개면)

주표시면(윗면, 바닥면)

정보표시면(양측면)

주표시면
(앞면, 윗면, 뒷면)

정보표시면(양측면)

스티커 부착 제품

주표시면(스티커 면적의 1/2)

정보표시면(스티커 면적의 1/2)

스티커 부착 제품

주표시면(스티커 면적의 1/2)

정보표시면(스티커 면적의 1/2)

주표시면(앞면 또는 윗면)

정보표시면(뒷면)

주표시면(앞면 또는 윗면)   정보표시면(뒷면)

[도 2] 표시 사항 표시 서식 도안

제품명	○○○ ○○	
식품 유형	○○○(○○○○○○*) *기타 표시 사항	• (예시) 이 제품은 ○○○를 사용한 제품과 같은 시설에서 제조
영업소(장)의 명칭(상호) 및 소재지	○○식품, ○○시 ○○구 ○○로 ○○길○○	• (타법 의무 표시 사항 예시) 정당한 소비자의 피해에 대해 교환, 환불
소비기한	○○년 ○○월 ○○일까지	• (업체 추가 표시 사항 예시) 서늘하고 건조한 곳에 보관
내용량	○○○g	
원재료명	○○, ○○○○, ○○○○○, ○○○○○, ○○, ○○○○○○○, ○○○, ○○○○○	• 부정·불량식품 신고: 국번 없이 1399
	○○*, ○○○*, ○○* 함유 (*알레르기 유발 물질)	• (업체 추가 표시 사항 예시) 고객 상담실: ○○○-○○○-○○○○
성분명 및 함량	○○○(○○mg)	
용기(포장) 재질	○○○○○	영양 성분* (주표시면 표시 가능)
품목 보고 번호	○○○○○○○○○○○-○○○	

정보표시면

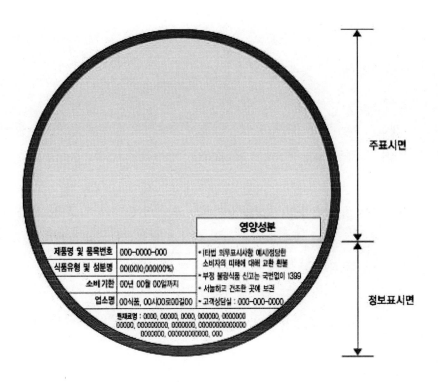

제품명 및 품목번호	000-0000-000
식품유형 및 성분명	00(00)0,000(00%)
소비 기한	00년 00월 00일까지
업소명	00식품, 00시00로00길00

영양성분

* |타법 의무표시사항 예시정당한
  소비자의 피해에 대해 교환 환불
* 부정 불량식품 신고는 국번없이 1399
* 서늘하고 건조한 곳에 보관
* 고객상담실 : 000-000-0000.

통재료명 : 0000, 00000, 0000, 000000, 0000000
0000, 000000000, 0000000, 00000000000000
0000000, 000000000000, 000

주표시면

정보표시면

자료: 식품 등의 표시 기준 [도 2]

5. 식품 등 표시의 방법

식품표시광고법 시행 규칙 [별표 3] 등을 근거로 주요 표시 방법을 확인해 본다.

가. 표시 방법의 예외적 적용

식품 등에는 식품표시광고법(제4조~제6조)[7]의 규정에 따른 사항을 표시해야 하지만 아래의 어느 하나에 해당하는 경우에는 제외한다.

■ 캔디류, 추잉껌, 초콜릿류 및 잼류가 최소 판매 단위 제품의 가장 넓은 면적이 30㎠ 이하이고, 여러 개의 최소 판매 단위 제품이 하나의 용기·포장으로 진열·판매될 수 있도록 포장된 경우에는 그 용기·포장에 대신 표시할 수 있다.

☞ 각기 품목 제조 보고 또는 수입 신고 된 완제품 형태의 두 종류 이상의 제품을 함께 판매할 목적으로 포장한 세트 포장과 최소 판매 단위 포장 안에 내용물을 2개 이상으로 나누어 개별 포장한 제품과는 구별된다.

■ 한 알씩 사용하는 건강 기능 식품의 낱알 모음 포장에 제품명과 제조 업소명을 표시해야 한다. 이 경우 건강 기능 식품 유통 전문 판매 업소[8]가 위탁한 제품은 건강 기능 식품 유통 전문 판매 업소명을 표시할 수 있다.

---

7) 제4조(표시의 기준), 제5조(영양표시), 제6조(나트륨 함량 비교 표시)
8) 건강 기능 식품 유통 전문 판매업: 건강 기능 식품 전문 제조업자에게 의뢰하여 제조한 건강 기능 식품을 자신의 상표로 유통·판매하는 영업

건강 기능 식품 제조 기업인 "H 케어"는 최소 판매 단위가 2개의 개별 포장 된 제품으로 이루어져 있고 표시 면적이 협소한 개별 포장에는 별도의 표시 사항 기재하지 않고 최소 판매 단위의 포장에만 규정에 따른 한글 표시를 하였다. (X)

▶ 일반 식품의 경우, 최소 판매 단위별 용기·포장 안에 내용물이 2개 이상으로 나누어 들어 있는 개별 포장(내 포장)에는 표시 의무가 없으므로 표시하지 아니할 수 있지만, 일반 식품과 달리 건강 기능 식품의 경우 낱알 모음(PTP 포장, 스틱 포장, 파우치 포장 등)에는 제품명과 제조 업소명을 의무적으로 표시하여야 한다.

(식품안전나라 식품 ..00표시·광고 FAQ 353번)

나. 한글과 외국어 표시 방법

한글로 표시하는 것이 원칙이지만, 한자나 외국어를 병기하거나 혼용하여 표시할 수 있다.

이때 한자나 외국어의 글씨 크기는 한글의 글씨 크기와 같거나 한글의 글씨 크기보다 작게 표시해야 하지만 아래의 어느 하나에 해당하는 경우에는 제외한다.

1) 한자나 외국어를 한글보다 크게 표시할 수 있는 경우

■ 수입 식품 등[9]이 이에 해당된다. 다만, 주문자 상표 부착 수입 식품 등에 표시하는 한자 또는 외국어의 글씨 크기는 한글과 같거나 작게 표시해야 한다.

■ 「상표법」에 따라 등록된 상표 및 주류의 제품명의 경우

---

9) 해외에서 국내로 수입되는 「식품위생법」 제2조에 따른 식품, 식품 첨가물, 기구, 용기·포장(이하 "식품 등"이라 한다), 「건강기능식품에 관한 법률」 제3조에 따른 건강기능식품(이하 "건강기능식품"이라 한다) 및 「축산물위생관리법」 제2조에 따른 축산물(이하 "축산물"이라 한다)을 말한다(수입 식품법 제2조 제1호).

2) 한글 표시를 생략할 수 있는 경우

■ 자사(自社)에서 제조·가공할 목적으로 수입하는 식품 등의 표시 사항[10]을 영어 또는 수출국의 언어로 표시한 경우.

■ 외화 획득용 원료[11] 및 제품[12]으로 수입하는 식품 등. 다만, 관광 사업용으로 수입[13]하는 식품 등은 제외한다.

■ 수입 축산물 중 지육(枝肉)[14], 우지(쇠기름), 돈지(돼지기름) 등 표시가 불가능한 벌크[15] 상태의 축산물

■ 「수입 식품 안전 관리 특별법 시행 규칙」[16] [별표 9] '제2호 가목 3)'에 따른 연구·조사에 사용하는 수입 식품 등[17]

---

10) 이때 표시 사항이라 함은 제품명, 영업소(제조·가공 영업소를 말한다) 명칭, 제조 연월일, 소비기한 또는 품질 유지 기한, "건강기능식품"이라는 문자와 기능성에 관한 정보(건강기능식품만 해당)를 말한다. (식품표시광고법 시행 규칙 별표 1 제1호)

11) "외화 획득용 원료"란 외화 획득에 제공되는 물품과 제3조에 따른 용역 및 제4조에 따른 전자적 형태의 무체물(이하 "물품 등"이라 한다)을 생산하는 데에 필요한 원자재·부자재·부품 및 구성품을 말한다(대외무역법 시행령 제2조 제6호).

12) "외화 획득용 제품"이란 수입한 후 생산 과정을 거치지 아니한 상태로 외화 획득에 제공되는 물품 등을 말한다(대외무역법 시행령 제2조 제8호).

13) 외화 획득의 범위는 다음 각 호의 어느 하나에 해당하는 방법에 따라 외화를 획득하는 것으로 한다. ① 수출 ② 주한 국제 연합군이나 그 밖의 외국군 기관에 대한 물품 등의 매도 ③ 관광 ④ 용역 및 건설의 해외 진출 ⑤ 국내에서 물품 등을 매도하는 것으로서 산업통상자원부장관이 정하여 고시하는 기준에 해당하는 것(대외무역법 시행령 제26조 제1항 제3호).

14) 머리, 꼬리, 발 및 내장 등을 제거한 몸체

15) 판매 단위로 포장되지 않고, 선박의 탱크, 초대형 상자 등에 대용량으로 담긴 상태를 말한다.

16) [시행 2022. 9. 3.] [총리령 제1800호, 2022. 3. 2., 일부 개정]

17) 연구·조사에 사용하는 수입 식품 등이라 함은 「건강기능식품에 관한 법률」제14조 제2항 및 법 제15조 제2항의 규정에 따라 건강기능식품이나 원료 또는 성분으로 인정받기 위하여 수입하는 일정량의 연구·조사용 제품을 포함한다.

다. 표시면의 식별

1) 소비자 가독성 향상을 위해 바탕색과 대비되는 색상을 사용하여 주표시면 및 정보표시면 구분 표시

2) 예외적 사항

■ 회수해서 다시 사용하는 병마개의 제품

■ 건강 기능 식품 중 소비기한 등 일부 표시 사항의 변조 등을 방지하기 위해 각인(刻印): 새김 도장 또는 압인(壓印)[18] 등을 사용하여 그 내용을 알아볼 수 있도록 한 제품

라. 표시 사항의 인쇄 방법

표시를 할 때에는 지워지지 않는 잉크·각인 또는 소인(燒印)[19] 등을 사용해야 한다. 다만, 원료용 제품 또는 용기·포장의 특성상 직접 인쇄가 어려운 경우 등에는 식품의약품안전처장이 정하여 고시하는 바에 따라 스티커, 라벨(Label) 또는 꼬리표(Tag)를 사용해서 표시할 수 있다.

---

18) 찍힌 부분이 도드라져 나오거나 들어가도록 만든 도장
19) 열에 달구어 찍는 도장

스티커, 라벨(Label), 꼬리표(Tag) 사용의 경우

① 용기·포장의 재질 또는 형태의 특성상 잉크·각인 또는 소인 등으로 표시하기가 불가능한 경우

② 통·병조림 및 병 제품 등

③ 제조·가공 업소에서 제품의 원재료로 사용될 목적으로 공급되는 원재료용 제품

④ 허가(등록 또는 신고)권자가 변경·허가된 영업소의 명칭 및 소재지를 표시하는 경우

⑤ 식품의 안전과 관련이 없는 경미한 표시 사항으로 관할 관청에서 승인한 경우(제조 연월일, 소비기한 또는 품질 유지 기한은 해당 안 됨)

⑥ 자연 상태의 농·임·축·수산물의 경우 이때, 「축산물 위생관리법」에서 정한 축산물은 제외

⑦ 식품 접객 업소 또는 집단 급식소에만 납품·판매되는 원료용 제품의 경우

⑧ 방사선 조사 관련 문구를 표시하고자 하는 경우

⑨ 즉석 판매 제조·가공 또는 식육 즉석 판매 가공 대상 식품 중 선식 및 우편 또는 택배 등의 방법으로 최종 소비자에게 배달하는 식품 (식품 등의 표시 기준 II.1.너)

※ 수입 식품의 경우 한글이 인쇄된 스티커, 라벨 또는 꼬리표를 사용할 수 있으나 원래의 용기·포장에 표시된 제품명, 일자 표시(소비기한 등) 등 주요 표시 사항을 가려서는 안 된다(식품 등의 표시 기준 II.1.거.4.가)).

※ 탱크로리(액체나 기체 상태의 식품 등을 대량으로 실어 나를 수 있는 탱크를 갖춘 화물 자동차를 말한다) 제품의 표시 사항은 차 내부에 비치할 수 있다. (식품 등의 표시 기준 II.1.더)

마. 표시 위치, 글자 크기 및 비율(장평)

식품표시광고법 시행 규칙[별표 3][20] 5호, 식품 등의 표시 기준 'II.1.가~다', 식품 등의 표시 기준 『별지 1』1.가.3).가)' 등을 근거로 확인해 본다.

1) 주표시면

표시 내용	글자 크기 및 비율
• 제품명 • 내용량 및 내용량에 해당하는 열량 　(단, 열량은 내용량 뒤에 괄호로 표시하되, 영양 표시 대상 식품 등에만 해당)	10포인트 이상[21]
제품명 또는 제품명의 일부로 원재료명(또는 원재료들의 통칭명)을 사용한 경우, 해당 원재료명 또는 성분명과 함량	14포인트 이상. 단, 제품명이 22포인트 미만[22]인 경우 7포인트 이상
특정 원재료명을 주표시면에 표시하여 강조하는 경우의 해당 원재료명과 함량 (식품 등의 표시 기준 『별지 1』1호.1.바.1).바')	12포인트 이상. 다만, 바로 위 항목에 해당되는 경우는 그에 따른다.
OEM 수입 식품의 "원산지(OEM)" 등의 표시 (식품 등의 표시 기준 II.1.사)	14포인트 이상. 다만, 농·임·축·수산물로서 자연 상태의 식품, 기구 또는 용기·포장과 유통 전문 판매 업소가 표시된 제품은 제외

* 영양 성분을 주표시면에 표시하려는 경우에는 식품 등의 표시 기준 '[도 4] "영양 성분 주표시면 표시 서식 도안"을 사용하여 표시하여야 한다(식품 등의 표시 기준 『별지1』아.2).가)(6)).

2) 정보표시면

정보표시면에는 표시 사항별로 표 또는 단락 등으로 나누어 표시해야 하지만, 정보표

---

20)　식품 등의 표시 방법 (제5조 제2항, 제6조 제4항 및 제7조 제2항 관련) 〈개정 2022. 6. 30.〉
21)　이상, 이하: 해당 숫자 포함. 표준국어대사전 기준.
22)　미만, 초과: 해당 숫자 미포함. 표준국어대사전 기준.

시면 면적이 100㎠ 미만인 경우에는 표 또는 단락으로 표시하지 아니할 수 있다. 또한 영양 성분에 관한 세부 사항이나 식육의 합격 표시를 하는 경우 식품의약품안전처장이 정하여 고시하는 바에 따른다.

표시 면적	표시 내용	글자 크기
100㎠ 이상	• 식품 유형 • 영업소(장)의 명칭(상호) 및 소재지	10포인트 이상. 글자 비율 90% 이상, 글자 간격 -5% 이상.
100㎠ 미만	• 소비기한(제조 연월일 또는 품질 유지 기한) • 원재료명 • 주의 사항 • 영양 성분	10포인트 이상. 글자 비율 50% 이상, 글자 간격 -5% 이상.
달걀 껍데기	산란일, 고유 번호, 사육 환경 번호 예시) 1004M3FDS2	6포인트 이상
표시 면적 부족	규칙 [별표 3] 5호의 글씨 크기 규정을 따르지 않을 수 있지만 고시에서 정한 표시 사항은 표시해야 한다.	

* 영양 성분에 관한 세부 사항이나 식육의 합격 표시를 하는 경우 식품의약품안전처장이 정하여 고시하는 바에 따른다.

▶ 건강 기능 식품

건강 기능 식품의 표시 기준 제4조~제6조를 근거로 확인해 본다.

1) 주표시면

표시 내용	글자 크기 및 비율
건강 기능 식품 표시와 건강 기능 식품 도안[23] ※ 건강 기능 식품의 원료 또는 성분은 "건강 기능 식품 원료" 표시	10포인트 이상, 도안 15×15㎜ 이상
제품명	10포인트 이상

---

23)

기준·규격상의 명칭 (제품명에 기준·규격상의 명칭이 포함되지 않은 경우일 때)	제품명 주변(바로 위·아래·옆)에 해당 기준·규격상의 명칭 등이 뚜렷하게 보이도록 가장 큰 제품명 글씨 크기의 2분의 1이상
내용량	10포인트 이상

※ 1개의 영양 성분 또는 기능성 원료를 사용한 제품의 경우

• 열량, 탄수화물, 당류(캡슐·정제·환·분말 형태의 건강 기능 식품은 제외), 단백질, 지방, 나트륨과 1일 영양 성분 기준치의 30% 이상을 함유하고 있는 비타민 및 무기질은 그 명칭, 1회 분량 또는 1일 섭취량당 함량 및 영양 성분 기준치 • 기능성 원료의 기능 성분 또는 지표 성분의 명칭과 1회 분량 또는 1일 섭취량당 함량 • 단, 소비자에게 직접 판매되지 아니하는 원료용 제품은 단위 값에 함유된 최종 함량으로 표시 가능	10포인트 이상

2) 정보표시면

표시 내용	글자 크기 및 비율
• 소비기한 및 보관 방법 • 기능 정보 • 섭취량, 섭취 방법 및 섭취 시 주의 사항	10포인트 이상. 글자 비율 90% 이상, 글자 간격 -5% 이상
영양 정보	8포인트 이상(고딕체류)

3) 표시면에 대한 별도의 제한이 없음

표시 내용	글자 크기 및 비율
• 업소명 및 소재지 • 원료명 및 함량 • 질병의 예방 및 치료를 위한 의약품이 아니라는 내용의 표현 • 소비자 안전을 위한 주의 사항 • 기타 건강 기능 식품의 세부 표시 기준에서 정하는 사항	10포인트 이상. 글자 비율 90% 이상, 글자 간격 -5% 이상

4) 표시 면적이 적어 정해진 크기로 표시가 곤란한 경우

10포인트보다 작게 표시 가능한 경우

이 경우 법적 의무 표시[24](타 법 포함)만을 표시해야 하며, 정보표시면의 면적은 주표시면에 준하는 최소 여백을 제외한 면적 이상이어야 한다.

제품 설명서에 표시 가능한 경우

---

1) 최소 판매 단위별 용기·포장에 일괄 표시 하여야 하는 사항 중 업소명 및 소재지, 소비기한 및 보관 방법, 영양 정보, 기능 정보를 제외하고 제품 설명서에 따로 기재하여 함께 포장 가능. 이 경우 "제품 설명서 참고" 표시를 해야 한다.

2) 법적 의무 표시인 "섭취 시 주의 사항" 중 「건강 기능 식품의 기준 및 규격」에서 정한 사항을 제외한 섭취 시 주의 사항은 제품 설명서에 표시 가능.

---

24) 건강 기능 식품의 표시 기준 제4조 (표시 사항)

6. 영양 성분 표시

식품표시광고법 시행 규칙 제6조 제1항 관련 [별표 4][25]를 통해 영양 표시 대상 식품 등에 대해 알아보고 또한 영양 성분 표시 방법 등의 세부 사항들을 식품 등의 표시 기준 『별지 1』을 근거로 확인해 보겠다.

가. 영양 표시 대상 식품 등

아래의 영양 표시 대상 식품 유형들은 제품의 표시면에 필히 영양 성분을 표시해야 하며, 주표시면에 표시를 할 경우에는 식품 등의 표시 기준 [도 4] "영양 성분 주표시면 표시 서식 도안"을 사용하여 표시하여야 한다.

영양 표시 대상 식품

1. 레토르트 식품(조리 가공 한 식품을 특수한 주머니에 넣어 밀봉한 후 고열로 가열·살균한 가공 식품을 말하며, 축산물은 제외한다)

2. 과자류, 빵류 또는 떡류: 과자, 캔디류, 빵류 및 떡류

3. 빙과류: 아이스크림류 및 빙과

4. 코코아 가공품류 또는 초콜릿류

---

25) 〈개정 2021. 8. 24.〉
[시행일] 다음 각 호의 구분에 따른 날
1. 해당 품목류의 2019년 매출액이 120억 원(배추김치의 경우 300억 원) 이상인 영업소에서 제조·가공·소분하거나 수입하는 식품: 2022년 1월 1일
2. 해당 품목류의 2019년 매출액이 50억 원 이상 120억 원(배추김치의 경우 300억 원) 미만인 영업소에서 제조·가공·소분하거나 수입하는 식품: 2024년 1월 1일
3. 해당 품목류의 2019년 매출액이 50억 원 미만인 영업소에서 제조·가공·소분하거나 수입하는 식품: 2026년 1월 1일

5. 당류: 당류 가공품

6. 잼류

7. 두부류 또는 묵류

8. 식용 유지류: 식물성 유지류 및 식용 유지 가공품(모조 치즈 및 기타 식용 유지 가공품은 제외한다)

9. 면류

10. 음료류: 다류(침출 차·고형 차는 제외한다), 커피(볶은 커피·인스턴트 커피는 제외한다), 과일·채소류 음료, 탄산음료류, 두유류, 발효 음료류, 인삼·홍삼 음료 및 기타 음료

11. 특수 영양 식품

12. 특수 의료 용도 식품

13. 장류: 개량 메주, 한식 간장(한식 메주를 이용한 한식 간장은 제외한다), 양조 간장, 산분해 간장, 효소 분해 간장, 혼합 간장, 된장, 고추장, 춘장, 혼합장 및 기타 장류

14. 조미 식품: 식초(발효 식초만 해당한다), 소스류, 카레(카레만 해당한다) 및 향신료 가공품(향신료 조제품만 해당한다)

15. 절임류 또는 조림류: 김치류(김치는 배추김치만 해당한다), 절임류(절임식품 중 절임 배추는 제외한다) 및 조림류

16. 농산 가공 식품류: 전분류, 밀가루류, 땅콩 또는 견과류 가공품류, 시리얼류 및 기타 농산 가공품류

17. 식육 가공품: 햄류, 소시지류, 베이컨류, 건조 저장 육류, 양념 육류(양념육·분쇄 가공육 제품만 해당한다), 식육 추출 가공품 및 식육 함유 가공품

18. 알 가공품류(알 내용물 100퍼센트 제품은 제외한다)

19. 유가공품: 우유류, 가공 유류, 산양유, 발효유류, 치즈류 및 분유류

20. 수산 가공 식품류(수산물 100퍼센트 제품은 제외한다): 어육 가공품류, 젓갈류, 건포류, 조미 김 및 기타 수산물 가공품

21. 즉석 식품류: 즉석 섭취·편의 식품류(즉석 섭취 식품·즉석 조리 식품만 해당한다) 및 만두류

22. 건강 기능 식품

23. 가목부터 어목까지의 규정에 해당하지 않는 식품 및 축산물로서 영업자가 스스로 영양
   표시를 하는 식품 및 축산물

   * 시행 규칙 [별표 4] 1. 편집

나. 영양 표시 대상에서 제외되는 식품 등

영양 표시 대상 제외 식품

---

1. 「식품위생법 시행령」 제21조 제2호에 따른 즉석 판매 제조·가공업 영업자가 제조·가공하
   거나 덜어서 판매하는 식품

2. 「축산물 위생관리법 시행령」 제21조 제8호에 따른 식육 즉석 판매 가공업 영업자가 만들
   거나 다시 나누어 판매하는 식육 가공품

3. 식품, 축산물 및 건강 기능 식품의 원료로 사용되어 그 자체로는 최종 소비자에게 제공되
   지 않는 식품, 축산물 및 건강 기능 식품

4. 포장 또는 용기의 주표시면 면적이 30㎠ 이하인 식품 및 축산물

5. 농산물·임산물·수산물, 식육 및 알류

   * 시행 규칙 [별표 4] 2. 편집

예제 "마쪼아 떡방"의 찹쌀떡은 최소 판매 단위 포장의 표시 면적이 협소하여(최대 면적 30㎠ 이하) 영양 표시, 원재료
등 모든 표시 사항을 표시하면 가독성이 매우 떨어지는 문제로 인해 영양 표시를 생략하였다. (O)

▶ 시행 규칙 [별표 4].2

다. 영양 성분 표시 방법 등

1) 표시 대상 영양 성분

표시해야 하는 영양 성분은 다음과 같으며 이와 같은 영양 성분을 표시할 때에는 그 영양 성분의 명칭과 영양 성분의 함량을 함께 표시해야 한다(시행 규칙 제6조 제1항, 제2항).

■ 열량, 나트륨, 탄수화물, 당류[26], 지방, 트랜스 지방, 포화 지방, 콜레스테롤, 단백질 과 영양 표시나 영양 강조 표시를 하려는 경우 1일 영양 성분 기준치[27]에 명시된 영 양 성분과 비율(%). 다만, 열량, 트랜스 지방에 대하여는 1일 영양 성분 기준치에 대 한 비율(%) 표시를 제외한다.

■ 영양 성분을 주표시면에 표시하려는 경우에는 아래의 기준에 따라 [도 4] 표시 서 식 도안을 사용하여 표시하여야 한다(식품 등의 표시 기준『별지 1』아.2).가)(6)).

영양 성분을 주표시면에 표시하려 할 때

---

1. [도 4] "영양 성분 주표시면 표시 서식 도안"의 형태를 유지하는 범위에서 변형할 수 있으나 이 경우 특정 영양 성분을 강조하여서는 안 된다.

2. [도 4]에 따라 표시된 열량이 내용량에 해당하는 열량이 되는 경우, 내용량에 해당하는 열 량의 표시 생략 가능

---

26) 식품, 축산물, 건강 기능 식품에 존재하는 모든 단당류(單糖類)와 이당류(二糖類)를 말한다. 다만, 캡슐·정제·환·분말 형 태의 건강 기능 식품은 제외한다.
27) 식품표시광고법 시행 규칙 제6조 관련 [별표 5]에 따른 기준치

3. 주표시면에 [도 4]를 표시한 경우, 정보표시면의 영양 성분 표시 생략 가능

[도 4] 영양 성분 주표시면 표시 서식 도안 (식품 등의 표시 기준)

1. 총 내용량당

총 내용량 00g(ml)당

열량	나트륨	탄수화물	당류	지방	트랜스지방	포화지방	콜레스테롤	단백질
000 kcal	00% 00mg	00% 00g	00% 00g	00% 00g	00g	00% 00g	00% 00mg	00% 00g

1일 영양성분 기준치에 대한 비율(%)은 2,000kcal 기준이므로 개인의 필요 열량에 따라 다를 수 있습니다.

2. 100g(ml)당

열량	나트륨	탄수화물	당류	지방	트랜스지방	포화지방	콜레스테롤	단백질
000 kcal	00% 00mg	00% 00g	00% 00g	00% 00g	00g	00% 00g	00% 00mg	00% 00g

1일 영양성분 기준치에 대한 비율(%)은 2,000kcal 기준이므로 개인의 필요 열량에 따라 다를 수 있습니다.

3. 단위 내용량당

1조각(00g)당/총 내용량 00g(00g×0조각)

열량	나트륨	탄수화물	당류	지방	트랜스지방	포화지방	콜레스테롤	단백질
000 kcal	00% 00mg	00% 00g	00% 00g	00% 00g	00g	00% 00g	00% 00mg	00% 00g

1일 영양성분 기준치에 대한 비율(%)은 2,000kcal 기준이므로 개인의 필요 열량에 따라 다를 수 있습니다.

2) 영양 강조 표시 기준 (식품 등의 표시 기준 『별지 1』아.3)

"저", "무", "고(또는 풍부)" 또는 "함유(또는 급원)" 용어 사용

---

1. "무" 또는 "저"의 강조표시는 영양 성분 함량 강조 표시 세부 기준[28]에 적합하게 제조·가공 과정을 통하여 해당 영양 성분의 함량을 낮추거나 제거한 경우에만 사용

2. 영양 성분 함량 강조 표시 중 "저지방"에 대한 표시 조건은 「축산물 위생 관리법」 제4조 제2항에 따른 「식품의 기준 및 규격」에서 정한 기준을 적용할 수 있다.

"덜", "더", "감소 또는 라이트", "낮춘", "줄인", "강화", "첨가" 용어 사용

---

1. 영양 성분 함량의 차이를 다른 제품의 표준 값과 비교하여 백분율 또는 절대 값으로 표시 가능. 이 경우 다른 제품의 표준 값은 동일한 식품 유형 중 시장 점유율이 높은 3개 이상의 유사 식품을 대상으로 산출해야 한다.

2. 영양 성분 함량의 차이가 다른 제품의 표준 값과 비교하여 열량, 나트륨, 탄수화물, 당류, 식이 섬유, 지방, 트랜스 지방, 포화 지방, 콜레스테롤, 단백질의 경우는 최소 25% 이상의 차이가 있어야 하고, 나트륨을 제외한 "1일 영양 성분 기준치"에서 정한 비타민 및 무기질의 경우는 "1일 영양 성분 기준치"의 10% 이상의 차이가 있어야 한다.

3. 2.에 해당하는 제품 중 "덜, 라이트, 감소"를 사용하고자 하는 경우에는 해당 영양 성분의 함량 차이의 절대 값이 위 서술한 규정에 따른 "저"의 기준값보다 커야 하고, "더, 강화, 첨가"를 사용하고자 하는 경우에는 해당 영양 성분의 함량 차이의 절대 값이 위에서 서술한 규정에 따른 "함유"의 기준 값보다 커야 한다.

---

28) 식품 등의 표시 기준 『별지 1』아.3).가)(2)

"설탕 무 첨가", "무가당"을 표시할 수 있는 경우

1. 당류를 첨가하지 않은 제품

2. 당류를 기능적으로 대체하는 원재료[29]를 사용하지 않은 제품

3. 당류가 첨가된 원재료(잼, 젤리, 감미 과일 등)를 사용하지 않은 제품

4. 농축, 건조 등으로 당 함량이 높아진 원재료(말린 과일 페이스트, 농축 과일주스 등)를 사용하지 않은 제품

5. 효소 분해 등으로 식품의 당 함량이 높아지지 않은 제품

3) 영양 성분 글씨

영양 성분 글씨

1. 열량의 표시는 총 내용량 글씨 크기보다 크거나 같아야 하고 굵게(bold) 표시

2. 1일 영양 성분 기준치에 대한 비율(%) 표시는 영양 성분 글씨 및 함량의 글씨 크기보다 크거나 같아야 하며, 소수점 첫째 자리에서 반올림하여 1% 단위로 표시하고 굵게(bold) 표시

3. 영양 성분 표시 서식 도안을 표시함에 있어 열량·영양 성분 명칭, 함량 및 1일 영양 성분 기준치에 대한 비율(%)의 글씨 크기는 10 포인트 이상

---

29) 꿀, 당 시럽, 올리고당, 당류 가공품 등. 다만, 당류에 해당하지 않는 식품 첨가물은 제외.

영양 성분 표시 서식 도안[30)]

1. 표시 서식 도안의 종류

가. 기본형

1) 총 내용량 (1 포장)당   **2) 100g(ml) 당**   **3) 단위 내용량 당**

나. 세로형

1) 총 내용량(1 포장) 당   **2) 100g(ml) 당**   **3) 단위 내용량 당**

---

30)   식품 등의 표시 기준 [도 3]

다. 가로형

1) 총 내용량(1 포장) 당

영양정보	총 내용량당	1일 영양성분 기준치에 대한 비율	총 내용량당	1일 영양성분 기준치에 대한 비율
총 내용량 00g	나트륨 00mg	00%	지방 00g	00%
000kcal	탄수화물 00g	00%	트랜스지방 00g	
	당류 00g	00%	포화지방 00g	00%
	콜레스테롤 00mg	00%	단백질 00g	00%
1일 영양성분 기준치에 대한 비율(%)은 2,000kcal 기준이므로 개인의 필요 열량에 따라 다를 수 있습니다.				

2) 100g(ml) 당

영양정보	100g당	1일 영양성분 기준치에 대한 비율	100g당	1일 영양성분 기준치에 대한 비율
총 내용량 00g	나트륨 00mg	00%	지방 00g	00%
100g당 000kcal	탄수화물 00g	00%	트랜스지방 00g	
	당류 00g	00%	포화지방 00g	00%
	콜레스테롤 00mg	00%	단백질 00g	00%
1일 영양성분 기준치에 대한 비율(%)은 2,000kcal 기준이므로 개인의 필요 열량에 따라 다를 수 있습니다.				

3) 단위 내용량 당

영양정보	1조각당	1일 영양성분 기준치에 대한 비율	1조각당	1일 영양성분 기준치에 대한 비율
총 내용량 00g(00g×0조각) 1조각(00g)당 000kcal	나트륨 00mg	00%	지방 00g	00%
	탄수화물 00g	00%	트랜스지방 00g	
	당류 00g	00%	포화지방 00g	00%
	콜레스테롤 00mg	00%	단백질 00g	00%
1일 영양성분 기준치에 대한 비율(%)은 2,000kcal 기준이므로 개인의 필요 열량에 따라 다를 수 있습니다.				

라. 그래픽형

1) 총 내용량(1 포장) 당

2) 100g(ml) 당

3) 단위 내용량 당

마. 텍스트형

1) 총 내용량(1 포장) 당

2) 100g(ml) 당

3) 단위 내용량 당

바. 병행 표기

1) 단위 내용량 당 (총 내용량 병행)

영양정보 총 내용량 00g(00g×0조각)
1조각(00g)당 **000kcal**

1조각당	1일 영양성분 기준치에 대한 비율	총 내용량당	
나트륨 00mg	00%	00mg	00%
탄수화물 00g	00%	00g	00%
당류 00g	00%	00g	00%
지방 00g	00%	00g	00%
트랜스지방 00g		00g	
포화지방 00g	00%	00g	00%
콜레스테롤 00mg	00%	00mg	00%
단백질 00g	00%	00g	00%

1일 영양성분 기준치에 대한 비율(%)은 2,000kcal 기준이므로 개인의 필요 열량에 따라 다를 수 있습니다.

2) 단위 내용량 당 (100g 병행)

영양정보 총 내용량 00g(00g×0조각)
1조각(00g)당 **000kcal**

1조각당	1일 영양성분 기준치에 대한 비율	100g당	
나트륨 00mg	00%	00mg	00%
탄수화물 00g	00%	00g	00%
당류 00g	00%	00g	00%
지방 00g	00%	00g	00%
트랜스지방 00g		00g	
포화지방 00g	00%	00g	00%
콜레스테롤 00mg	00%	00mg	00%
단백질 00g	00%	00g	00%

1일 영양성분 기준치에 대한 비율(%)은 2,000kcal 기준이므로 개인의 필요 영양에 따라 다를 수 있습니다.

3) 1회 섭취 참고량 당 (총 내용량 병행)

영양정보 총 내용량 00ml
1수저(00ml)당 **000kcal**

1수저당	1일 영양성분 기준치에 대한 비율	총 내용량당	
나트륨 00mg	00%	00mg	00%
탄수화물 00g	00%	00g	00%
당류 00g	00%	00g	00%
지방 00g	00%	00g	00%
트랜스지방 00g		00g	
포화지방 00g	00%	00g	00%
콜레스테롤 00mg	00%	00mg	00%
단백질 00g	00%	00g	00%

1일 영양성분 기준치에 대한 비율(%)은 2,000kcal 기준이므로 개인의 필요 열량에 따라 다를 수 있습니다.

4) 1회 섭취 참고량 당 (100ml 병행)

영양정보 총 내용량 00ml
1수저(00ml)당 **000kcal**

1수저당	1일 영양성분 기준치에 대한 비율	100ml당	
나트륨 00mg	00%	00mg	00%
탄수화물 00g	00%	00g	00%
당류 00g	00%	00g	00%
지방 00g	00%	00g	00%
트랜스지방 00g		00g	
포화지방 00g	00%	00g	00%
콜레스테롤 00mg	00%	00mg	00%
단백질 00g	00%	00g	00%

1일 영양성분 기준치에 대한 비율(%)은 2,000kcal 기준이므로 개인의 필요 열량에 따라 다를 수 있습니다.

▶ 건강 기능 식품

1) 표시 대상 영양 성분 (건강 기능 식품의 표시 기준 제6조.6.가)

■ 열량, 나트륨, 탄수화물, 당류[31], 지방, 단백질과 "1일 영양 성분 기준치"[32]의 30% 이상을 함유하고 있는 비타민 및 무기질은 그 명칭, 1회 분량 또는 1일 섭취량당 함량 및 영양 성분 기준치(또는 한국인 영양 섭취 기준)에 대한 비율[33]을 표시해야 한다(주원료로 사용한 비타민 및 무기질 제외).

■ 다만, "1일 영양 성분 기준치"의 30% 미만을 함유하고 있는 비타민, 무기질과 식이 섬유, 포화 지방, 불포화 지방, 콜레스테롤, 트랜스 지방은 임의로 표시할 수 있으며, 이 경우 해당 영양 성분의 명칭, 함량 및 영양 성분 기준치(또는 한국인 영양 섭취 기준)에 대한 비율[34]을 표시해야 한다.

2) 영양·기능 정보 표시 방법 (건강 기능 식품의 표시 기준 [별표 1].2.가)

공통 사항

---

1. 항목별 표시한 번호는 제외하고 표시 항목만 표시

2. 글자 모양은 8포인트 이상의 고딕체류로 표시

3. 열량, 영양 성분 명칭, 기능 성분 명칭은 굵게 표시

4. 제품 포장 형태에 따라 예시 1부터 예시 3까지의 방법으로 표시. 다만, 표시 면적이 부족한 경우에만 아래 예시 4의 방법으로 표시할 수 있다.

---

31) 캡슐·정제·환·분말 형태의 건강 기능 식품은 제외한다.
32) 식품표시광고법 시행 규칙 제6조 관련 [별표 5]에 따른 기준치.
33) %, 열량, 당류는 제외한다.
34) %, 불포화 지방, 트랜스 지방은 제외한다.

3) 영양·기능 정보 표시 내용(예시) (건강 기능 식품의 표시 기준 [별표 1].1)

예시 1

① 영양 · 기능정보		
② 1회 분량/1일 섭취량 : ○정(○mg)		
1회 분량/ 1일 섭취량 당	함 량	%영양성분기준치
③열량	150kcal	
탄수화물	23g	7%
당류	10g	
단백질	2g	4%
지방	6g	11%
나트륨	55mg	3%
④비타민 C	11mg	11%
칼슘	20mg	3%
⑤기능성분 또는 지표성분	○ mg	
⑥※%영양성분기준치 : 1일 영양성분기준치에 대한 비율		

예시 2

①영양 · 기능정보		
② 1회 분량/1일 섭취량 : ○정(○mg)		
1회 분량/ 1일 섭취량 당	함 량	%영양성분기준치
③열량	150kcal	
탄수화물	23g	7%
당류	10g	
식이섬유	3g	12%
단백질	2g	4%
지방	6g	11%
포화지방산	2g	13%
불포화지방산	3g	
트랜스지방		
콜레스테롤	10mg	3%
나트륨	55mg	3%
④비타민 C	11mg	11%
칼슘	20mg	3%
⑤기능성분 또는 지표성분	○ mg	
⑥※%영양성분기준치 : 1일 영양성분기준치에 대한 비율		

예시 3

①영양 · 기능정보	1회 분량/ 1일 섭취량 당	함 량	%영양성분기준치	1회 분량/ 1일 섭취량 당	함 량	%영양성분기준치
② 1회 분량/1일 섭취량 : ○정(○mg)	③열량	150kcal		단백질	2g	4%
	탄수화물	23g	7%	지방	6g	11%
	당류	10g		나트륨	55mg	3%
	④비타민 C	11mg	11%	칼슘	20mg	3%
	⑤기능성분 또는 지표성분	○mg				
⑥※%영양성분기준치 : 1일 영양성분기준치에 대한 비율						

예시 4

①영양 · 기능정보	② 1회 분량/1일 섭취량 : ○정(○mg)
1회 분량/1일 섭취량 당 함량 : 열량 kcal, 탄수화물 ○g(○%), 당류 ○g, 단백질 ○g(○%), 지방 ○g(○%), 나트륨 ○mg(○%), 비타민 C ○mg(○%), 칼슘 ○mg(○%), 기능성분 또는 지표성분 ○mg	
⑦※( )안의 수치는 1일 영양성분기준치에 대한 비율임	

※ 표시 사항 ③ 상단에는 1.0~1.5mm 내외의 굵은 구분 선을 사용하고, 표시 사항 ④ 상단과 하단에는 0.5~0.8mm 내외의 중간 정도의 구분 선을 사용해야 한다(건강 기능 식품의 표시 기준 [별표 1].2.나).

7. 식품 등의 소비자 안전을 위한 표시

식품표시광고법 시행 규칙 제5조 제1항 관련 [별표 2]를 근거로 소비자 안전을 위한 표시 사항에 관해 확인한다.

가. 공통 사항

알레르기 유발 물질 표시

식품 등에 알레르기를 유발할 수 있는 원재료가 포함된 경우 해당 알레르기 유발 물질을 표시해야 한다.

1. 알레르기 유발 물질

   알류(가금류만 해당한다), 우유, 메밀, 땅콩, 대두, 밀, 고등어, 게, 새우, 돼지고기, 복숭아, 토마토, 아황 산류[35], 호두, 닭고기, 쇠고기, 오징어, 조개류(굴, 전복, 홍합 포함), 잣

2. 표시 대상

   1) '1.'의 알레르기 유발 물질을 원재료로 사용한 식품 등

   2) 1)의 식품 등으로부터 추출 등의 방법으로 얻은 성분을 원재료로 사용한 식품 등

   3) '1) 및 2)'를 함유한 식품 등을 원재료로 사용한 식품 등

---

35) 이를 첨가하여 최종 제품에 이산화황이 1kg당 10㎎ 이상 함유된 경우만 해당한다.

3. 표시 방법

원재료명 표시란 근처에 바탕색과 구분되도록 알레르기 표시란을 마련하고, 제품에 함유된 알레르기 유발 물질의 양과 관계없이 원재료로 사용된 모든 알레르기 유발 물질을 표시해야 한다. 다만, 단일 원재료로 제조·가공한 식품이나 포장육 및 수입 식육의 제품명이 알레르기 표시 대상 원재료명과 동일한 경우에는 알레르기 유발 물질 표시를 생략할 수 있다.

> **예시** 달걀, 우유, 새우, 이산화황, 조개류(굴) 함유

혼입(混入)될 우려가 있는 알레르기 유발 물질 표시

1. 알레르기 유발 물질 사용 제품과 사용하지 않은 제품을 같은 제조 과정[36]을 통해 생산하여 불가피하게 혼입될 우려가 있는 경우

2. 주의 사항 문구 예시
   - "이 제품은 알레르기 발생 가능성이 있는 메밀을 사용한 제품과 같은 제조 시설에서 제조하고 있습니다."
   - "메밀 혼입 가능성 있음"
   - "메밀 혼입 가능" 등

3. 제품의 원재료가 위의 표에서 열거된 알레르기 유발 물질인 경우에는 표시하지 않는다. 즉, 알레르기 물질 중 원재료에 직접 함유되는 물질을 제외하여 표기한다.

> **예** 〈동일 제조 시설에서 생산되는 A 품목과 B 품목〉
>
> A 품목에 사용된 원재료 : 달걀, 새우, 우유, 쇠고기, 닭고기
>
> B 품목에 사용된 원재료 : 달걀, 새우, 대두, 밀

---

36) 작업자, 기구, 제조 라인, 원재료 보관 등 모든 제조 과정을 포함한다.

- A 품목: "이 제품은 알레르기 발생 가능성이 있는 대두, 밀을 사용한 제품과 같은 제조 시설에서 제조하고 있습니다."
- B 품목: "이 제품은 알레르기 발생 가능성이 있는 우유, 쇠고기, 닭고기를 사용한 제품과 같은 제조 시설에서 제조하고 있습니다."

무(無) 글루텐의 표시

1. 밀, 호밀, 보리, 귀리 또는 이들의 교배 종을 원재료로 사용하지 않고 총 글루텐 함량이 1kg 당 20㎎ 이하인 식품 등

2. 밀, 호밀, 보리, 귀리 또는 이들의 교배 종에서 글루텐을 제거한 원재료를 사용하여 총 글루텐 함량이 1kg당 20㎎ 이하인 식품 등

예제 1 "○○제과"는 글루텐을 제거한 원료를 사용하여 비스킷을 만들었고 최종 제품의 총 글루텐 함량은 1kg당 20㎎ 이하로 분석되어 표시면에 "무 글루텐" 표시를 하였다. (O)

▶ 규칙 [별표 2] 소비자 안전을 위한 표시 사항 I.3)

고카페인의 함유 표시

1. 표시 대상
   - 1㎖ 당 0.15㎎ 이상의 카페인을 함유한 액체 식품 등

2. 표시 방법
   - 주표시면에 "고카페인 함유" 및 "총 카페인 함량 ○○○㎎"의 문구를 표시
   - "어린이, 임산부 및 카페인에 민감한 사람은 섭취에 주의해 주시기 바랍니다" 등의 문구

표시

3. 총 카페인 함량의 허용 오차

- 실제 총카페인 함량은 주표시면에 표시된 총카페인 함량의 90% 이상 110% 이하의 범위에 있을 것. 다만, 커피, 다류(茶類) 또는 커피·다류를 원료로 한 액체 식품 등의 경우에는 주표시면에 표시된 총 카페인 함량의 120% 미만의 범위에 있어야 한다.

예제 2 "○○음료"의 액상 차 제품에는 카페인이 0.10㎎/1㎖가 함유되었지만 "고카페인 함유" 등 카페인에 대한 별도의 주의 표시를 하지 않았다. (O)

▶ 규칙 [별표 2] 소비자 안전을 위한 표시 사항 I.4

나. 식품 등의 주의 사항 표시

식품, 축산물

---

1. 냉동 제품: "이미 냉동되었으니 해동 후 다시 냉동하지 마십시오." 등의 표시

2. 과일·채소류, 음료, 우유류 등 개봉 후 부패·변질될 우려가 높은 제품: "개봉 후 냉장 보관하거나 빨리 드시기 바랍니다." 등의 표시

3. "음주 전후, 숙취 해소" 등의 표시 제품: "과다한 음주는 건강을 해칩니다." 등의 표시

4. 아스파탐(감미료) 첨가 사용한 제품: "페닐알라닌 함유"라는 내용 표시

5. 당알코올류를 주요 원재료로 사용한 제품: 해당 당알코올의 종류 및 함량과 "과량 섭취 시 설사를 일으킬 수 있습니다." 등의 표시

6. 별도로 포장하여 넣은 신선도 유지제: "습기 방지제", "습기 제거제" 등 소비자가 그 용도를 쉽게 알 수 있게 표시하고, "먹어서는 안 됩니다." 등의 주의 문구도 함께 표시. 다만, 정보

표시면 등에 표시하기 어려운 경우에는 신선도 유지제에 직접 표시할 수 있다.

예제 3 숙취 해소 음료 제조사 "농업 회사 법인 OO"은 자사 숙취 해소 음료의 주표시면에 "숙취 해소"라는 표시와 함께 주류가 아님에도 "과다한 음주는 건강을 해칩니다."라는 주의 사항 표시를 별도로 하였다. (O)

▶ "음주 전후, 숙취 해소" 등의 표시를 하는 제품에는 "과다한 음주는 건강을 해칩니다." 등의 표시를 해야 한다.
  규칙 [별표 2] 소비자 안전을 위한 표시사항 II.1.다

예제 4 OO제과의 "OO스낵"에는 단맛을 강화하기 위해 합성 감미료인 아스파탐을 첨가하고 정보표시면의 원재료명에 아스파탐(감미료)로 표시한 후 아스파팀에 대한 별도의 주의 사항 표시는 하지 않았다. (X)

▶ 아스파탐(aspatame, 감미료)을 첨가 사용한 제품에는 "페닐알라닌 함유"라는 내용을 표시해야 한다.
규칙 [별표 2] 소비자 안전을 위한 표시 사항 II.1.라

예제 5 OO수산의 "OO김"에는 제품과 함께 방습제를 함께 포장하였고 정보표시면에 "습기 방지제" 포함이라고 표시는 하였지만 "먹어서는 안 된다." 등의 별도의 주의 표시는 하지 않았다. (X)

▶ 별도로 포장하여 넣은 신선도 유지제에는 "습기 방지제", "습기 제거제" 등 소비자가 그 용도를 쉽게 알 수 있게 표시하고, "먹어서는 안 됩니다." 등의 주의 문구도 함께 표시해야 한다.
규칙 [별표 2] 소비자 안전을 위한 표시 사항 II.1.바

식품 첨가물

수산화암모늄, 초산, 빙초산, 염산, 황산, 수산화나트륨, 수산화칼륨, 차아염소산나트륨, 차아염소산칼슘, 액체 질소, 액체 이산화탄소, 드라이아이스, 아산화질소, 아질산나트륨: 취급 상 주의 문구 표시

"어린이 등의 손에 닿지 않는 곳에 보관하십시오."

"직접 먹거나 마시지 마십시오."

"눈, 피부에 닿거나 마실 경우 인체에 치명적인 손상을 입힐 수 있습니다." 등

기구 또는 용기·포장

1. 식품 포장용 랩을 사용 시 :

  • 섭씨 100도를 초과하지 않은 상태에서만 사용하라는 표시

  • 지방 성분이 많은 식품 및 주류에는 직접 접촉되지 않게 사용하라는 표시

2. 유리제 가열 조리용 기구: "표시된 사용 용도 외에는 사용하지 마십시오." 등 표시

3. 가열 조리용이 아닌 유리제 기구: "가열 조리용으로 사용하지 마십시오." 등 표시

예제 6 "○○화학"의 식품 포장용 랩 제품에는 랩 사용 시 섭씨 100도를 초과하지 않은 상태에서만 사용하라는 주의 표시를 하였다. (O)

▶ 식품 포장용 랩을 사용할 때에는 섭씨 100도를 초과하지 않은 상태에서만 사용하도록 표시해야 한다.
규칙 [별표 2] 소비자 안전을 위한 표시 사항 II.3.가

건강 기능 식품

1. "음주 전후, 숙취 해소" 등의 표시 제품 : "과다한 음주는 건강을 해칩니다" 등의 표시

2. 아스파탐(감미료) 첨가 사용한 제품: "페닐알라닌 함유"라는 내용 표시

3. 별도로 포장하여 넣은 신선도 유지제: "습기 방지제", "습기 제거제" 등 소비자가 그 용도를

쉽게 알 수 있게 표시하고, "먹어서는 안 됩니다." 등의 주의 문구도 함께 표시. 다만, 정보 표시면 등에 표시하기 어려운 경우에는 신선도 유지제에 직접 표시할 수 있다.

4. 건강 기능 식품의 섭취로 인하여 구토, 두드러기, 설사 등의 이상 증상이 의심되는 경우에는 신속하게 신고할 수 있도록 제품의 용기·포장에 "이상 사례 신고는 "1577-2488"의 표시

8. 식품 등의 원산지 표시

농수산물의 원산지 표시 등에 관한 법률(약칭: 원산지 표시법)[37]의 목적은 농산물·수산물과 그 가공품 등에 대하여 적정하고 합리적인 원산지 표시와 유통이력 관리를 하도록 함으로써 공정한 거래를 유도하고 소비자의 알 권리를 보장하여 생산자와 소비자를 보호하는 것이다(법률 제1조). 또한 원산지라 함은 농산물이나 수산물이 생산·채취·포획된 국가·지역이나 해역을 말한다(법률 제2조.4).

가. 원산지 표시 대상

대통령령으로 정하는 농수산물 또는 그 가공품[38]을 수입하는 자, 생산·가공하여 출하하거나 판매(통신 판매를 포함)하는 자 또는 판매할 목적으로 보관·진열하는 자는 ① 농수산물 ② 농수산물 가공품(국내에서 가공한 가공품은 제외한다) ③ 농수산물 가공품(국내에서 가공한 가공품에 한정한다)의 원료에 원산지를 표시하여야 한다(법률 제5조.1항).

원산지 표시 대상

---

1. 국산 농수산물, 수입 농수산물과 그 가공품

---

37)   [시행 2022.1.1.] [법률 제18525호, 2021.11.30., 일부 개정.]
38)   원산지 표시법 시행령 제3조(원산지의 표시 대상) ① 법 제5조 제1항 각 호 외의 부분에서 "대통령령으로 정하는 농수산물 또는 그 가공품"이란 다음 각 호의 농수산물 또는 그 가공품을 말한다. [시행 2022.9.16.] [대통령령 제32542호, 2022.3.15., 일부 개정]
   1. 유통 질서의 확립과 소비자의 올바른 선택을 위하여 필요하다고 인정하여 농림축산식품부장관과 해양수산부장관이 공동으로 고시한 농수산물 또는 그 가공품
   2. 「대외무역법」 제33조에 따라 산업통상자원부장관이 공고한 수입 농수산물 또는 그 가공품. 다만, 「대외무역법 시행령」 제56조 제2항에 따라 원산지 표시를 생략할 수 있는 수입 농수산물 또는 그 가공품은 제외한다.

2. 반입 농수산물과 그 가공품[39]

3. 농수산물 가공품의 원료

농수산물의 원산지 표시 요령 제2조 [농림축산식품부고시 제2019-56호]

가-1. 농수산물 가공품의 원료에 대한 원산지 표시

농수산물 가공품 원료에 대한 원산지 표시 대상[40]

---

1. 원료 배합 비율에 따른 표시 대상

① 한 가지 원료의 배합 비율이 98퍼센트 이상인 경우에는 그 원료

② 두 가지 원료의 배합 비율의 합이 98퍼센트 이상인 원료가 있는 경우에는 배합 비율이 높은 순서의 2순위까지의 원료

③ ① 및 ② 외의 경우에는 배합 비율이 높은 순서의 3순위까지의 원료

④ ①, ②, ③의 규정에도 불구하고 김치류 및 절임류[41]의 경우에는 다음의 구분에 따른 원료

- 김치류 중 고춧가루[42]를 사용하는 품목은 고춧가루 및 소금을 제외한 원료 중 배합 비율이 가장 높은 순서의 2순위까지의 원료와 고춧가루 및 소금

- 김치류 중 고춧가루를 사용하지 아니하는 품목은 소금을 제외한 원료 중 배합 비율이 가장 높은 순서의 2순위까지의 원료와 소금

- 절임류는 소금을 제외한 원료 중 배합 비율이 가장 높은 순서의 2순위까지의 원료와

---

39) 「남북교류협력에 관한 법률」에 따라 반입한 농수산물과 그 가공품
40) 물, 식품 첨가물, 주정(酒精) 및 당류(당류를 주원료로 하여 가공한 당류 가공품을 포함한다)는 배합 비율의 순위와 표시 대상에서 제외
41) 소금으로 절이는 절임류에 한정한다.
42) 고춧가루가 포함된 가공품을 사용하는 경우에는 그 가공품에 사용된 고춧가루를 포함한다.

소금. 다만, 소금을 제외한 원료 중 한 가지 원료의 배합 비율이 98퍼센트 이상인 경우에는 그 원료와 소금으로 한다.

2. 위1.에 따른 표시 대상 원료로서 「식품표시광고법」 제4조에 따른 식품 등의 표시 기준에서 정한 복합 원재료[43]를 사용한 경우에는 농림축산식품부장관과 해양수산부장관이 공동으로 정하여 고시하는 기준에 따른 원료

3. 원료 농수산물의 명칭을 제품명 또는 제품명의 일부로 사용하는 경우
   ① 그 원료 농수산물이 원산지 표시대상이 아니더라도 그 원료 농수산물의 원산지 표시
   ② 원료 농수산물이 아래의 어느 하나에 해당하는 경우 원료 농수산물의 원산지 표시 생략 가능
   • 원산지 표시 대상에 해당하지 않는 경우
   • 식품 첨가물, 주정 및 당류(당류를 주원료로 하여 가공한 당류가공품을 포함한다)의 원료로 사용된 경우
   • 식품표시광고법」제4조에 따른 식품 등의 표시 기준에 따라 원재료명 표시를 생략할 수 있는 경우
   원산지 표시법 시행령 제3조 제2항 제3항

---

43) "복합 원재료"라 함은 2종류 이상의 원재료 또는 성분으로 제조·가공하여 다른 식품의 원료로 사용되는 것으로서 행정관청에 품목 제조 보고되거나 수입 신고 된 식품을 말한다(식품 등의 표시 기준 I.3.더).

가-2. 복합 원재료의 원산지 표시

복합 원재료의 원산지 표시 대상

---

1. 복합 원재료가 국내에서 가공된 경우 복합 원재료 내의 원료 배합 비율이 높은 두 가지 원료
   ① 복합 원재료가 고춧가루를 사용한 김치류인 경우: 고춧가루와 고춧가루 외의 배합 비율이 가장 높은 원료 한 가지를 표시
   ② 복합 원재료 내에 다시 복합 원재료를 사용하는 경우: 그 복합 원재료 내에 원료 배합 비율이 가장 높은 원료 한 가지만 표시

2. ①의 경우에도 불구하고 해당 복합 원재료 중 한 가지 원료의 배합 비율이 98% 이상인 경우 그 원료만을 표시 가능

3. 원산지 표시법 시행령 제5조 1항 별표 1 제2호[44]의 수입 또는 반입한 복합 원재료를 농수산물 가공품의 원료로 사용한 경우에는 통관 또는 반입 시의 원산지를 표시
   * 농수산물의 원산지 표시 요령 제3조 [농림축산식품부고시 제2019-56호]

---

44) 다음 장 나.2) 수입 농수산물과 그 가공품 및 반입 농수산물과 그 가공품 참조

나. 원산지 표시 기준

원산지 표시법 시행령 [별표 1][45]을 근거로 확인해 본다.

1) 농수산물

	국산 농산물
국산 농수산물	"국산", "국내산" 또는 그 농산물을 생산·채취·사육한 지역의 시·도명 또는 시·군·구명 표시
	국산 수산물
	"국산"이나 "국내산" 또는 "연근해산"으로 표시. 다만, 양식 수산물이나 연안 정착성 수산물 또는 내수면 수산물의 경우에는 해당 수산물을 생산·채취·양식·포획한 지역의 시·도명이나 시·군·구명을 표시할 수 있다.
원양산 수산물[46]	"원양산" 또는 "원양산" 표시와 함께 "태평양", "대서양", "인도양", "남극해", "북극해"의 해역명 표시
원산지가 다른 동일 품목을 혼합한 농수산물	국산 농수산물로서 그 생산 등을 한 지역이 각각 다른 동일 품목의 농수산물을 혼합한 경우에는 혼합 비율이 높은 순서로 3개 지역까지의 시·도명 또는 시·군·구명과 그 혼합 비율을 표시하거나 "국산", "국내산" 또는 "연근해산"으로 표시
	동일 품목의 국산 농수산물과 국산 외의 농수산물을 혼합한 경우에는 혼합 비율이 높은 순서로 3개 국가(지역, 해역 등)까지의 원산지와 그 혼합 비율을 표시
2개 이상의 품목을 포장한 수산물	혼합 비율이 높은 2개까지의 품목을 대상으로 기준에 따라 표시한다.

---

45) 〈개정 2021.1.5.〉
46) 「원양산업발전법」 제6조제1항에 따라 원양어업의 허가를 받은 어선이 해외수역에서 어획하여 국내에 반입한 수산물

2) 수입 농수산물과 그 가공품 및 반입 농수산물과 그 가공품

수입 농수산물과 그 가공품	「대외 무역법」에 따른 원산지를 표시
「남북 교류 협력에 관한 법률」에 따라 반입 한 농수산물과 그 가공품	「남북 교류 협력에 관한 법률」에 따른 원산지를 표시

3) 농수산물 가공품(수입 농수산물 등 또는 반입 농수산물 등을 국내에서 가공한 것을 포함한다)

원산지가 다른 동일 원료를 혼합 사용	혼합 비율이 높은 순서로 2개 국가(지역, 해역 등)까지의 원료 원산지와 그 혼합 비율을 각각 표시
원산지가 다른 동일 원료의 원산지별 혼합 비율이 변경된 경우로서 그 어느 하나의 변경의 폭이 최대 15퍼센트 이하	종전의 원산지별 혼합 비율이 표시된 포장재를 혼합 비율이 변경된 날부터 1년의 범위에서 사용 가능
사용된 원료[47]의 원산지가 모두 국산일 경우	원산지를 일괄하여 "국산"이나 "국내산" 또는 "연근해산"으로 표시 가능

원료의 원산지 또는 혼합 비율이 자주 변경되는 경우, 아래의 어느 하나에 해당하는 경우에는 원료의 원산지와 혼합 비율 표시 가능

① 특정 원료의 원산지나 혼합 비율이 최근 3년 이내에 연평균 3개국(회) 이상 변경되거나 최근 1년 동안에 3개국(회) 이상 변경된 경우와 최초 생산일부터 1년 이내에 3개국 이상 원산지 변경이 예상되는 신제품인 경우

② 원산지가 다른 동일 원료를 사용하는 경우

③ 정부가 농수산물 가공품의 원료로 공급하는 수입 쌀을 사용하는 경우

④ 그 밖에 농림축산식품부장관과 해양수산부장관이 공동으로 필요하다고 인정하여 고시하는 경우

---

47) 물, 식품 첨가물, 주정 및 당류는 제외

다. 원산지 표시 방법

원산지 표시법 시행 규칙 [별표 1], [별표 2], [별표 3]을 근거로 확인해 본다.

1) 농수산물

표시 위치, 문자, 글자 색, 글자 크기 등

---

① 소비자가 쉽게 알아볼 수 있는 곳에 표시

② 한글로 하되, 필요한 경우 한글 옆에 한문 또는 영문 등 추가 표시 가능

③ 포장재의 바탕색 또는 내용물의 색깔과 다른 색깔로 선명하게 표시

④ 포장 표면적 3,000㎠ 이상: 20포인트 이상

포장 표면적 50㎠ 이상, 3,000㎠ 미만: 12포인트 이상

포장 표면적 50㎠ 미만: 8포인트 이상. 다만, 8포인트 이상의 크기로 표시하기 곤란한 경

우에는 다른 표시 사항의 글자 크기와 같은 크기로 표시 가능.

2) 농수산물 가공품

표시 위치, 문자, 글자 색, 글자 크기 등

---

① 「식품표시광고법」 제4조 표시 기준에 따른 표시란에 원재료명 표시란을 추가하여 표시.

다만, 표시가 어려운 경우에는 소비자가 쉽게 알아볼 수 있는 곳에 표시하되, 구매 시점에

소비자가 원산지를 알 수 있도록 표시.

② 한글로 하되, 필요한 경우 한글 옆에 한문 또는 영문 등 추가 표시 가능

③ 포장재의 바탕색과 다른 단색으로 선명하게 표시. 다만, 포장재의 바탕색이 투명한 경우 내용물과 다른 단색으로 선명하게 표시한다.

④ 10포인트 이상(장평 90% 이상, 자간 -5% 이상)의 활자로 진하게(굵게) 표시. 다만, 정보표시면 면적이 부족한 경우에는 10포인트보다 작게 표시할 수 있으나, 「식품표시광고법」 제4조에 따른 원재료명의 표시와 동일한 크기로 진하게(굵게) 표시.

정보표시면 면적이 100㎠ 미만인 경우에는 각각 장평 50% 이상, 자간 -5% 이상으로 표시

3) 통신 판매

매체별 표시 방법

1. 전자 매체 이용 시

① 글자로 표시할 수 있는 경우(인터넷, PC 통신, 케이블 TV, IPTV, TV 등)

- 표시 위치: 제품명 또는 가격 표시 주위에 표시하거나 제품명 또는 가격 표시 주위에 원산지를 표시한 위치를 표시하고 매체의 특성에 따라 자막 또는 별도의 창을 이용하여 원산지를 표시할 수 있다.

- 표시 시기 : 원산지를 표시하여야 할 제품이 화면에 표시되는 시점부터 원산지를 알 수 있도록 표시

- 글자 크기: 제품명 또는 가격 표시와 같거나 그보다 커야 하지만 별도의 창을 이용하

여 표시할 경우에는 「전자상거래 등에서의 소비자 보호에 관한 법률」[48]을 따른다.

- 글자 색: 제품명 또는 가격 표시와 같은 색

② 말로 표시할 경우(라디오 등)

- 1회 당 원산지를 두 번 이상 말로 표시해야 한다.

2. 인쇄 매체 이용 시(신문, 잡지 등)

- 표시 위치: 제품명 또는 가격 표시 주위에 표시하거나, 제품명 또는 가격 표시 주위에 원산지 표시 위치를 명시하고 그 장소에 표시할 수 있다.
- 글자 크기: 제품명 또는 가격 표시 글자 크기의 1/2 이상으로 표시하거나, 광고 면적을 기준으로 앞장의 '1) 농수산물 ④'의 기준을 준용하여 표시할 수 있다.
- 글자 색: 제품명 또는 가격 표시와 같은 색

---

48) 「전자상거래 등에서의 소비자 보호에 관한 법률」 제13조 제4항에 따른 통신 판매업자의 재화 또는 용역 정보에 관한 사항과 거래 조건에 대한 표시·광고 및 고지의 내용과 방법을 따른다.

9. 포장 재질 표시와 분리배출 표시[49]

가. 포장 재질 표시와 분리배출 표시의 구분

식품 등의 포장 또는 용기에 사용되는 합성수지제 또는 고무제는 재질에 따라 그 명칭을 표시면에 표시를 하여야 하며 다음과 같이 표시를 해야 한다. 또한 「자원의 절약과 재활용 촉진에 관한 법률(약칭: 자원 재활용법)」은 폐기물의 재활용을 촉진하기 위하여 분리수거 표시를 하는 것이 필요한 제품·포장재에는 분리배출 표시에 관해 규정하고 있는데, 이들 두 가지 법률의 표시에 관한 규정은 식품 안전과 자원 재활용이라는 서로 다른 취지와 목적성을 가지면서도 표시 측면에서는 일부 중복되는 경우가 있어 상호적 형태를 보인다.

- 합성수지제 또는 고무제의 재질에 따라 「기구 및 용기·포장의 기준 및 규격」에 등재된 재질 명칭인 염화비닐수지, 폴리에틸렌, 폴리프로필렌, 폴리스티렌, 폴리염화비닐리덴, 폴리에틸렌테레프탈레이트, 페놀수지, 실리콘 고무 등으로 각각 구분하여 표시하여야 하며, 이 경우 약자로 표시할 수 있다.

- 「자원 재활용법」에 따라 폴리에틸렌(PE), 폴리프로필렌(PP), 폴리에틸렌테레프탈레이트(PET), 폴리스티렌(PS), 염화비닐수지(PVC)가 표시되어 있으면 별도 재질 표시를 생략할 수 있다(식품 등의 표시 기준 II.1.타).

---

49) 분리배출 표시란 재활용 의무 대상 포장재의 분리배출을 쉽게 하고 재활용 가능한 폐기물의 분리수거율을 높여 생산자들의 재활용 의무를 원활하게 수행할 수 있도록 하는 제도(자원 재활용법 14조 요약)

예를 들면 폴리에틸렌(PE) 단일 성분의 포장재로 포장된 제품의 분리배출 도안에 폴리에틸렌(PE)이 표시되었다면 「식품표시광고법」 제4조에 따른 포장 재질에 대한 별도의 표시는 하지 않아도 된다. 원칙적으로 포장 재질에 대한 표시와 분리배출 도안에 대한 표시는 각기 표시해야 하지만, 단일 성분의 포장 재질인 경우 하나만 표시 가능하다.

또한 「자원 재활용법」에 따라 분리배출 표시에 합성수지 재질에 대한 표시가 되어 있으면 포장 재질에 대한 별도의 표시가 생략 가능한 것과 마찬가지로 「식품표시광고법」 제4조에 따라 합성수지 재질에 대한 재질 표시가 되었다면 다중 포장재[50] 등의 분리배출 표시 중 일괄 표시[51] 부분의 재질명에 대한 표시도 생략 가능하다(「자원 재활용법」 시행령. 분리배출 표시에 관한 지침. 제6조 제2항).

---

50) 하나의 제품을 포장하는 데 받침 접시와 외부 포장재 등으로 2개 이상의 분리된 포장재가 사용된 포장재 또는 뚜껑과 본체 등으로 2개 이상의 포장재가 일체를 이루는 것으로 폐기물의 배출 시 분리되어 배출될 수 있는 포장재. (분리배출 표시에 관한 지침. 제2조 2.)

51) 다중 포장재 등의 주요 구성 부분 한 곳에 분리배출 표시를 하고 그 표시 상하·좌우 인접한 곳에 다른 구성 부분의 명칭과 재질명을 한꺼번에 기재하는 것(분리배출 표시에 관한 지침. 제2조 5.).

예시)   기본 도안   일괄 표시

나. 분리배출 표시 대상

포장재의 종류(A)	포장 대상 품목(B)
종이 팩 금속 캔 유리병(빈 용기 보증금 포함 제품 제외) 합성수지 재질 포장재	음식료품류 농·수·축산물 세제류 화장품 및 애완동물용 샴푸·린스 의약품 및 의약 외품 부탄가스 제품 살충·살균제 의복류 위생용 종이 제품 고무장갑 부동액·브레이크액 및 윤활유 (합성수지 재질의 포장재에 한함) 상기 품목 이외의 제품 (합성수지 재질의 포장재에 한함)
합성수지 재질 필름·시트형 포장재 및 발포 합성수지 완충재	전기 기기류 및 개인용 컴퓨터 (모니터 및 자판 포함)
합성수지 재질의 1회용 봉투·쇼핑백 (폐기물 종량제 봉투 제외)	

- 포장재의 종류(A) 및 포장 대상 품목(B)이 상기 사항에 모두 해당하는 포장재의 경우 분리배출 표시 의무 대상에 해당

- 그 밖의 종이·금속·유리·플라스틱 재료를 사용하는 제품·포장재의 경우 환경부 령이 정하는 바에 따라 환경부 장관의 지정을 받는 경우 분리배출 표시 도안을 사용할 수 있다.

- 자원의 절약과 재활용 촉진에 관한 법률 시행령 별표 4에서 정하는 재활용 의무 면제 대상 사업장에 해당하더라도, 규모에 관계없이 재활용 의무 대상 포장재에 대해서는 모두 분리배출 표시를 해야 한다.

자료: 분리배출 표시 가이드북 편집 작성, 환경부, 환경공단(2021).
관련 근거: 「자원 재활용법」 시행령 제16조 및 제18조

다. 복합 재질 포장재 식품 등

"복합 재질 포장재"라 함은 2개 이상의 소재·재질이 혼합되거나, 도포(코팅) 또는 첩합(라미네이션) 등의 방법으로 사용된 포장재를 말한다(분리배출 표시에 관한 지침. 제2조 3.).

식품 등에 사용되는 비닐 포장재는 제품 특성에 따라 폴리에틸렌 등 2가지 이상의 재질을 합지(복합 재질 포장재)하여 만들어진 경우가 있으며, 이 경우 포장 재질의 표시는 식품과 직접 접촉하는 부분의 재질만을 표시할 수 있다(식품 등의 표시 기준 III.4.가.5).바)). 예를 들면 제품의 포장 재질이 내면 폴리에틸렌(PE), 외면 폴리프로필렌(PP)을 겹쳐서 만들어진 포장재인 경우 포장재의 재질 표시는 식품과 직접 접촉하는 부분인 폴리에틸렌(PE)에 대한 재질만을 표시할 수 있다.

라. 분리배출 표시 기준 및 방법

기준	방법
기준일	제품의 제조일
표시 방법	인쇄, 각인 또는 라벨을 부착하는 방법으로 분리배출 표시
표시 크기	표시 재질 문자를 제외한 분리배출 표시 도안의 최소 크기는 가로, 세로 최소 8㎜ 이상
표시 색상	표시 대상 제품·포장재의 전체 색채에 대비되는 색채로 식별이 용이 • 컬러로 인쇄하는 경우, 「재활용 가능 자원의 분리수거 등에 관한 지침」(환경부 훈령) 제6조 제2항에 따라 정한 품목별 분리수거 용기와 동일한 색상 사용 권장
표시 위치	제품·포장재의 정면, 측면 또는 바코드 상하좌우 • 형태·구조상 정면, 측면 또는 바코드 상하좌우 표시가 불가능한 경우 밑면 또는 뚜껑 등에 표시 가능
다중 포장재	분리되는 각 부분품 또는 포장재마다 표시 • 분리되지 않는 다중 포장재와 소재·구조상 개별 포장재마다 분리배출 표시가 어려운 경우 주요 부분 한 곳에 일괄 표시 가능
복합 재질 포장재	구성 부분의 표면적, 무게 등을 고려하여 주요 재질 부분에 분리배출 표시를 하되, 그 주요 재질명을 분리배출 표시 도안에 표시하고, 그 밖의 다른 재질명은 일괄 표시할 수 있다.

구분	
수입 제품	① 외 포장재가 밀봉된 상태로 수입되는 제품 중 내 포장재에 분리배출 표시를 하는 경우 손상될 우려가 있는 제품에 대하여는 재질명 등을 외 포장재에 일괄 표시 가능 ② 이 경우 외 포장재 내부에 다수의 내 포장재의 재질이 같은 경우 그 재질을 하나로 표시할 수 있으며, 외 포장재가 종이 재질의 포장재인 경우에는 별도의 지정 승인 절차 없이 일괄 표시 가능 ③ 외 포장 된 상태로 수입되는 화장품의 경우 화장품법 제10조의 규정에 의한 용기 등의 기재 사항과 함께 분리배출 표시 가능
무라벨 페트병 (먹는 샘물)	「먹는 물 관리법」 제3조 제3호에 따른 먹는 샘물 소포장 제품 중 ① 용기에 라벨을 사용하지 않거나 ② 병마개 부착 라벨을 사용하는 경우 분리배출 표시를 소포장지의 겉면 또는 그 포장지의 겉면에 부착된 운반용 손잡이의 식별이 용이한 곳에 쉽게 지워지지 않는 방법으로 표시 가능 • 이 경우 용기 또는 병마개에 분리배출 표시를 하지 아니할 수 있다.

자료: 분리배출 표시 가이드북 편집 작성, 환경부, 환경공단(2021).
관련 근거: 「분리배출 표시에 관한 지침」 제5조

라. 분리배출 표시의 적용 예외

구분	적용 예외 대상
분리배출 표시 적용 예외	• 각 포장재의 표면적이 '50㎠ 미만(용기, 트레이류)', '100㎠ 미만(필름 포장재류)'인 포장재 • 내용물의 용량이 30㎖ 또는 30g 이하인 포장재 • 소재·구조면에서 기술적으로 인쇄·각인 또는 라벨 부착 등의 방법으로 표시를 할 수 없는 포장재 • 랩 필름(두께가 20Mm 미만인 랩 필름형 포장재) • 사후 관리 서비스(A/S) 부품 등 일반 소비자를 거치지 않고 의무 생산자가 직접 회수·선별하여 배출하는 포장재 ※ 표면에 인쇄, 각인 또는 라벨 부착 등 일체의 표시를 하지 아니하는 필름·시트형의 무표시 포장재(자원 재활용법 시행령 제16조.1.나)
분리배출 일괄 표시 적용 예외	「식품표시광고법」 제4조의 규정에 의하여 합성수지 재질의 용기·포장에 대한 재질 표시를 한 경우 구성 부분의 명칭과 재질명(일괄 표시 부분) 표시 생략 가능

자료: 분리배출 표시 가이드북 편집 작성, 환경부, 환경공단(2021).
관련 근거: 「분리배출표시에 관한 지침」 제6조

식품 등의 공통 표시 기준

1. 최소 판매 단위 내 개별 포장 제품의 표시

최소 판매 단위 포장 안에 내용물[52]을 2개 이상으로 나누어 개별 포장(이하 "내 포장"이라 한다)한 제품의 경우에는 소비자에게 올바른 정보를 제공할 수 있도록 내 포장별로 제품명, 내용량 및 내용량에 해당하는 열량, 소비기한 또는 품질 유지 기한, 영양 성분을 표시할 수 있다. 다만, 내 포장 한 제품의 표시 사항 및 글씨 크기는 규칙 제5조 관련 별표 3 제5호[53]의 본문 규정을 따르지 않을 수 있다(식품 등의 표시 기준 II.1.라).

---

52) 최소 판매 단위 포장 안에 내용물이란 하나의 품목 제조 보고가 된 동일한 제품을 말한다.
53) 글씨 크기는 10포인트 이상으로 해야 한다. 다만, 영양 성분에 관한 세부 사항이나 식육의 합격 표시를 하는 경우 또는 달걀 껍데기에 표시하거나 정보표시면이 부족하여 표시하는 경우에는 식품의약품안전처장이 정하여 고시하는 바에 따른다.

예제 "가나다 커피"의 스틱형 커피 분말 제품은 최소 판매 단위가 100개/Bag으로 구성되어져 있으며 최소 판매 단위 포장인 외 포장에는 표시 기준에 맞게 표시가 되었지만, 개별 포장 된 내 포장 제품에는 별도의 표시 사항을 표시하지 않았다. (O)

▶ 내포장 제품에 대한 표시는 표시할 면이 매우 협소하거나 기타 사정에 의해 표시가 어려울 경우 생략할 수는 있으나 외 포장에는 규정에 따른 표시 사항을 정확히 표시해야 한다.

단, 식품 등의 표시 기준과는 별개로 분리배출 표시 대상의 포장재에 해당된다면 규정에 맞는 분리배출 표시를 해야 한다.

「자원의 절약과 재활용 촉진에 관한 법률」시행령 제16조 및 제18조

2. OEM 수입 식품의 주표시면 표시

「수입 식품 안전 관리 특별법」 제18조에 따른 주문자 상표 부착 방식 위탁 생산(OEM, Original Equipment Manufacturing) 식품 등은 14포인트 이상의 글씨로 주표시면에 「대외무역법」에 따른 원산지 표시의 국가명 옆에 괄호로 위탁 생산 제품임을 표시하여야 한다 (다만, 농·임·축·수산물로서 자연 상태의 식품, 기구 또는 용기·포장과 유통 전문 판매 업소가 표시된 제품은 제외한다). (식품 등의 표시 기준 II.1.사)

> 예시 "원산지: 베트남(위탁 생산 제품)", "베트남산(위탁 생산 제품)", "원산지: 베트남(위탁 생산)", "베트남산(위탁 생산)", "원산지: 베트남(OEM)" 또는 "베트남산(OEM)"

예제 "ABC 트레이딩"은 원산지가 베트남인 수입 과자 "OO 크래커"를 수입하면서 주표시면에 수입 업소 상표와 함께 "원산지: 베트남"으로 표시하였다. (X)

▶ 한글 포장지에 수입 업소 등의 상표[54], 제품명으로 표시된 수입 식품은 주문자 상표 부착 방식(OEM) 제품에 해당 된다. 따라서 원산지 표시와 함께 OEM 등의 표시를 해야 한다.

가. 대상

"주문자 상표 부착 방식 위탁 생산"이 대상 제품에 해당되며 이는 국내 식품 영업자가 ① 수출국 해외 제조 업소 또는 해외 작업장에 계약의 방식으로 제조·가공을 위탁하여 ② 주문자의 상표(로고, 기호, 문자, 도형 등)를 ③ 한글로 인쇄된 포장지에 표시하여 수입한

---

54) 「상표법」 제2조(정의) ① 이 법에서 사용하는 용어의 뜻은 다음과 같다.
　　1. "상표"란 자기의 상품(지리적 표시가 사용되는 상품의 경우를 제외하고는 서비스 또는 서비스의 제공에 관련된 물건을 포함한다. 이하 같다.)과 타인의 상품을 식별하기 위하여 사용하는 표장(標章)을 말한다.
　　2. "표장"이란 기호, 문자, 도형, 소리, 냄새, 입체적 형상, 홀로그램·동작 또는 색채 등으로서 그 구성이나 표현 방식에 상관없이 상품의 출처(出處)를 나타내기 위하여 사용하는 모든 표시를 말한다.

것을 말한다(수입 식품 안전 관리 특별법: 약칭 수입 식품법 시행 규칙 고시 제2022-25호 「해외 제조 업소 및 해외 작업장 현지 실사 방법 및 기준」 제2조 제8호).

나. OEM 수입 식품 등 수입자 의무

수입자의 의무

---

① 해외 제조 업소 현지 위생 평가(수입식품법 제18조)

　　해외 식품 위생 평가 기관을 통해 점검 주기 별 1회 이상 실시

② 자가 품질 검사(식품 위생법 제31조)

　　「식품 위생법」상 자가 품질 검사(세관 신고필증 발급일 기준), 2년간 기록 보관

③ 유통 기한 설정 사유서 또는 유통 기한 연장 사유서 제출(수입 식품법 시행 규칙 제27조),

　　수입 신고 시 제출

④ OEM 표시(식품 등의 표시 기준 II.1)

　　　○○ (위탁 생산 제품), 원산지: ○○ (OEM) (14포인트 이상)

　　　* 식약처 수입 식품 정책과 "주문자 상표(OEM) 수입 식품 관련 안내 사항" 편집 작성

다. OEM 수입 식품 등 관리 제외 대상

관리 제외 대상

---

① 국내 업체의 외국 현지 설립 자사 공장에서 생산한 제품을 수입하는 경우

② 외국 다국적 기업의 공장에서 생산한 제품을 한국 지사에서 수입하는 경우

③ 농·임·수산물 및 축산물

　　* 식약처 수입 식품 정책과 "주문자 상표(OEM) 수입 식품 관련 안내 사항" 편집 작성

라. OEM 수입 식품 등 상표 부착 범위

OEM 수입 식품 등 관리 대상인 '상표 부착'의 범위는 「상표법」 문언상 '상표'의 정의, 국내 소비자 보호 등 제도 취지 반영 시 특허청에 등록되지 않은 '상표' 부착 제품도 OEM 관리 대상에 해당된다(식약처 수입 식품 정책과 "주문자 상표(OEM) 수입 식품 관련 안내 사항").

OEM 수입 식품 등이 아닌 제품의 주표시면 '상표' 표시 가능 범위

---

① 표시 불가

• 수입 업소 상표 표시

• 수입업소명 등을 제품명으로 표시

② 표시 가능

• 수입·판매 업소가 「상표법」에 따라 상표 등록하고 해당 제품에 대해 안전·품질에 관한 정보·기술을 제공한 경우

• 구비 서류는 별도로 규정하지 않으나, 객관적 사실 근거한 실증 가능하여야 함

　　* "주문자 상표(OEM) 수입 식품 관련 안내 사항" 편집 작성, 식약처, 수입식품정책과

3. 세트 포장 제품의 표시

세트 포장이라 함은 각기 품목 제조 보고 또는 수입 신고 된 완제품 형태의 두 종류 이상의 제품을 함께 판매할 목적으로 포장한 제품을 말하며, 최소 판매 단위 포장 안에 내용물을 2개 이상으로 나누어 개별 포장 한 제품과는 구별된다.

세트 포장 된 개별의 제품에는 표시 사항을 표시하지 아니할 수 있지만, 세트 포장 제품의 외 포장지에는 이를 구성하고 있는 개별 제품에 대한 표시 사항을 각각 표시하여야 한다. 만약 개별 제품에 표시 사항이 규정에 맞게 정확히 표시가 되어 있고, 또한 외 포장이 투명하여 각기 개별 제품의 표시 사항을 또렷하게 확인이 된다면 외 포장에는 개별 제품에 대한 표시를 생략할 수 있다.

예제 1 "가나다 제과"는 초콜릿과 쿠키를 세트로 제품을 구성하였고, 각기 제품의 개별 포장에는 규정에 따른 표시 사항을 기재하였지만 불투명 박스 포장인 외 포장에는 개별 제품에 대한 별도의 표시 사항을 표시하지 않았다. (X)

▶ 만약, 소비자가 외 포장 내 개별 제품의 표시 사항을 명확히 확인할 수 있는 경우에는 외 포장에 개별 제품에 대한 표시 사항이 생략 가능하지만 불투명 박스 포장인 것으로 보아 개별 포장 된 제품의 표시 사항 확인이 불가하다. 따라서 이러한 경우 외 포장에 개별 제품에 대한 표시 사항을 구별하여 별도로 표시하여야 한다.

세트 포장(각각 품목 제조 보고 또는 수입 신고 된 완제품 형태로 두 종류 이상의 제품을 함께 판매할 목적으로 포장한 제품을 말함) 형태로 구성한 경우 세트 포장 제품을 구성하는 각 개별 제품에는 표시 사항을 표시하지 아니할 수 있지만 세트 포장 제품의 외 포장지에는 이를 구성하고 있는 각 제품에 대한 표시 사항을 각각 표시하여야 한다. 이 경우 소비기한은 구성 제품 가운데 가장 짧은 소비기한 또는 그 이내로 표시하여야 한다(다만, 소비자가 완제품을 구성하는 각 제품의 표시 사항을 명확히 확인할 수 있는 경우를 제외한다).

(식품 등의 표시 기준 II.1.아)

예제 2 "탱글탱글 칼국수"를 제조, 유통하는 "탱글제면"은 자체 생산인 생면(품목 제조 보고 완료), 외주 업체로부터 공급받는 분말 스프(품목 제조 보고 완료)와 건더기 스프(품목 제조 보고 완료)를 단순 합포장하여 완제품을 구성하였다. 또한 최종 완제품에 대한 품목 제조 보고는 하지 않았고 외 포장에 구성품 3품목에 대한 별도의 표시 사항을 기준에 맞게 기재를 하였다. (O)

▶ 단순 합포장은 세트 포장에 해당된다. 하지만, 만약 "탱글탱글 칼국수" 완제품에 대한 별도의 품목 제조 보고를 한다면 외 포장에 구성품에 대한 별도의 표시 사항을 할 필요는 없다.

예제 3 "매콤 국물 떡볶이"는 각기 품목 제조 보고가 완료된 3종의 구성품으로 단순 합포장된 세트 포장 제품이며, 완제품인 "매콤 국물 떡볶이"에 대한 별도의 품목 제조 보고는 하지 않았다. 따라서 "매콤 국물 떡볶이"로 제품명을 표시해서는 안된다. (X)

▶ 자사 제품과 타사의 제품을 세트로 포장하여 판매하는 경우 「식품 등의 표시·광고에 관한 법률」 및 타법에 저촉됨이 없는 범위 내에서 "대표 제품명"을 표시하는 것은 가능하다. 다만, "대표 제품명"을 표시하는 경우라도 세트 포장 제품의 외 포장지에 구성 제품에 대한 표시 사항(제품명 포함)을 각각 구분하여 표시하여야 한다.
(식품표시광고법 제4조)

4. 알코올이 없다는 표시(주류 이외 식품)

알코올	표시 예시
알코올이 없다	무알코올(성인용), Alcohol free(성인용)
알코올이 사용되지 않았다	알코올 무첨가(성인용), No alcohol added(성인용)
알코올 식품이 아님	비알코올(에탄올[55] 1% 미만 함유,성인용), Non-alcoholic(에탄올 1% 미만 함유, 성인용)

(식품 등의 표시 기준 II.1.카)

---

55) 에탄올 또는 알코올

5. 주표시면의 조리된 사진 또는 그림

　디자인 단계에서 범하기 쉬운 사소한 실수이지만 해당 제품이 이미 유통중이거나 또는 수입 식품으로써 현재 검역 단계에 있다면 제품 표시에 대한 보완은 불가피하다.

예제 "ABC 인터내셔널"은 차 음료를 수입하면서 제품의 연출된 사진을 전면 주표시면에 디자인하였고 연출된 사진에 대한 별도의 표시는 하지 않았다. (X)

▶ 주표시면에 조리 식품 사진이나 그림을 사용하는 경우 사용한 사진이나 그림 근처에 "조리예", "이미지 사진", "연출된 예" 등의 표현을 10포인트 이상의 글씨로 표시하여야 한다.
　(식품 등의 표시 기준 II.1.파)

6. 축산물의 냉동 또는 냉장 표시

냉동 또는 냉장인 축산물[56] 제품은 주표시면에 소비자가 확인하기 쉽도록 "냉동" 또는 "냉장"을 표시를 해야 한다. 하지만 그 표시를 생략할 수 있는 경우가 있다.

예제 "가나다 축산식품" 포장육 제품의 제품명은 "냉동 대패삼겹살"이며, 제품의 주표시면에 별도의 "냉동" 표시는 하지 않았다. (O)

▶ 축산물이 냉동 또는 냉장 제품인 경우에는 주표시면에 "냉동" 또는 "냉장"으로 표시하여야 한다. 다만, 제품명의 일부로 사용하거나 주표시면에 보관 방법이 표시되어 있는 경우에는 그 표시를 생략할 수 있다(식품 등의 표시 기준 II.1.하).

※ 냉동 자연 상태 식품[57]에 대한 냉동 식품 표시 사항

제목	자연 상태 식품의 냉동식품 표시
질의 내용	자연 상태 식품의 경우, 공통 표시 기준에 따른 냉동식품 표시를 해야 하는지 여부
답변 내용	'냉동식품'은 「식품의 기준 및 규격」(식약처 고시)의 장기 보존 식품에 해당되며, 냉동식품은 제조·가공 또는 조리한 식품을 장기 보존 할 목적으로 냉동 처리, 냉동 보관 한 것으로서 용기·포장에 넣은 식품으로 규정하고 있습니다. 따라서, 냉동식품에 대한 표시 사항은 식품을 제조·가공 또는 조리한 식품으로 한정하고 있으므로 자연 상태 식품은 냉동식품 표시 사항으로 표시하지 않을 수 있습니다.
근거 규정	「식품 등의 표시 기준」 II. 2. 다
첨부 파일	

※ 입력일자: 2020.09.29

자료: 식품 안전 나라 식품 표시·광고 FAQ 359번(www.foodsafetykorea.go.kr)

---

56) "축산물"이란 식육·포장육·원유(原乳)·식용란(食用卵)·식육 가공품·유가공품·알 가공품을 말한다. (축산물 위생 관리법 제2조 2항)
57) 농산물, 임산물, 축산물(「축산물 위생관리법」에서 정한 축산물 제외), 수산물(식품 등의 표시 기준 III. 퍼.1)).

7. 수입 식품 등의 표시 유의 사항

유의 사항

① 수출국에서 유통중인 식품 등: 수출국에서 표시한 표시 사항이 있어야 한다.

② 한글이 인쇄된 스티커, 라벨(Label) 또는 꼬리표(Tag)를 사용할 수 있으나 떨어지지 아니하게 부착해야 한다.

③ 주요 표시 사항을 가려서는 안 된다. 이때 주요 표시 사항이란 원래의 용기·포장에 표시된 제품명, 일자 표시에 관한 사항(소비기한 등) 등을 말한다.

④ 한글로 표시된 용기·포장으로 포장하여 수입되는 식품 등의 표시 사항은 잉크·각인 또는 소인 등을 사용하여야 한다.

⑤ 수출국 및 제조 회사의 표시는 한글 표시 스티커에 해당 제품 수출국의 언어로 표시할 수 있다.

(식품 등의 표시 기준 II.1.거.4))

예제 대만에서 제조·수출된 수입 식품의 한글 표시 스티커에 제조 회사명 표기는 한국인이 식별 가능할 수 있도록 한국어 또는 영어(English)로만 표시해야 한다. (X)

▶ 수출국 및 제조 회사의 표시는 한글 표시 스티커에 해당 제품 수출국의 언어로 표시할 수 있다.
  (식품 등의 표시 기준 II.1.거.4).다))

8. 장기 보존 식품의 표시

장기 보존 식품	표시 방법	
통·병조림	• 내용물은 고형량 및 내용량으로 구분하여 표시(다만, 섭취 전 액체를 버릴 수 없는 식품으로 고형분과 액체를 함께 섭취할 수밖에 없는 식품은 내용량만을 표시 가능) • 산성 통조림[58]식품은 "산성 통조림"으로 표시 • 통조림 식품은 소비기한 또는 품질 유지 기한을 표시할 수 있다(「식품 위생법」 제7조에 따른 유형[59]에 한함).	
레토르트 식품	• "레토르트 식품"으로 표시 • 영양 성분 및 내용량에 해당하는 열량 표시 • 소비기한 또는 품질 유지 기한을 표시할 수 있다.(「식품 위생법」 제7조에 따른 유형에 한함)	
냉동 식품	가열하지 않고 섭취하는 냉동 식품	"가열하지 않고 섭취하는 냉동 식품"으로 표시
	가열하여 섭취하는 냉동 식품	"가열하여 섭취하는 냉동 식품"으로 표시 ※ 살균한 제품은 "살균 제품"으로 표시
	유산균 첨가 제품	유산균 수를 함께 표시(「식품 위생법」 제7조에 따른 유형에 한함)
	• 해당 식품의 냉동 보관 방법 및 조리 시의 해동 방법을 표시	
	• 조리 또는 가열 처리가 필요한 냉동 식품은 그 조리 또는 가열 처리 방법 표시	
	• 원재료의 전부가 식육 또는 농산물인 것으로 오인의 우려가 있는 표시를 할 수 없지만 식육 또는 농산물의 함량을 제품명과 같은 위치에 표시하는 경우에는 가능(「식품 위생법」 제7조에 따른 유형에 한함)	
	2가지 이상 혼합 원료육 사용	단일 원료육의 명칭을 제품명으로 사용할 수 없지만 원료육의 함량을 제품명과 같은 위치에 표시하는 경우에는 가능(「식품 위생법」 제7조에 따른 유형에 한함)
	최종 소비자에게 제공되지 아니하고 다른 식품의 제조·가공, 조리 시 원료로 사용되는 식품에는 조리 시의 해동 방법 및 조리 또는 가열 처리 방법의 표시 생략 가능	

(식품 등의 표시 기준 II.2)

---

58) 산을 많이 함유하여, pH가 낮은(4.2이하) 식품을 통조림 한 것(농업 용어 사전: 농촌진흥청).
59) "식품 유형"이라 함은 「식품위생법」제7조제1항 및 「축산물 위생관리법」 제4조 제2항에 따른 「식품의 기준 및 규격」의 최소 분류 단위를 말한다(식품 등의 표시 기준 I.3.나).

9. 유산균 첨가 식품의 유산균 수 표시 방법

식품에 유산균을 첨가하는 경우 유산균 수를 함께 표시하여야 하며, 이때 소비자가 유산균 수를 한눈에 파악할 수 있도록 숫자와 한글을 병행 표시 하거나 한글로만 표시 하여야 한다.

예제 달콤 제과의 유산균이 함유된 캔디는 유제품이 아니기 때문에 함유된 유산균 수를 표시할 필요는 없다. (X)

▶ 유산균 함유 과자, 캔디류는 그 함유된 유산균 수를 표시하여야 한다. 또한 특정균의 함유 사실을 표시하고자 할 때에는 그 균의 함유균 수를 표시하여야 한다.

예시 유산균 수: "유산균 100,000,000(1억) CFU/g", "유산균 1억 CFU/g", 특정균 수: "Lactobacillus acidophilus 100,000,000(1억) CFU/g", "Lactobacillus acidophilus 1억 CFU/g" 등
(식품 등의 표시 기준 Ⅲ.1.가.2).거).(2))

---

10. 인삼 또는 홍삼 성분이 함유된 식품

인삼 또는 홍삼 성분 함유 식품의 표시

---

① 표시 대상: 인삼 또는 홍삼 등을 원재료로 사용하여 인삼 및 홍삼 성분을 함유한 제품

② 제품 설명문 또는 포장에 인삼의 유래를 표기하고자 하는 때에는 [표 1][60]의 인삼의 유래 기본 문안을 준용하여야 한다.

③ 인삼 제품 포장의 색상 및 색도는 전체적으로 조화를 이루어 제품의 품위를 높이고 타인이 제조하여 생산하고 있는 제품과 혼동되지 않도록 하여야 한다.

④ 인삼 또는 홍삼을 제품명 또는 제품명의 일부로 사용할 수 있으며, 이 경우 제품명은 한자로 표시할 수 있다.

⑤ 국내 시판 제품에는 "대한민국 특산품"이라는 자구를 한글 또는 한자로 표시할 수 있고, 수출품에는 "대한민국 특산품"이라는 자구를 영어 또는 수입국의 언어로 표시할 수 있다.

⑥ 인삼 성분이 함유된 제품에는 인삼 또는 인삼을 나타내는 명칭(제품명을 포함한다), 도안 및 그림 등을 표시하거나 사용할 수 있다.

⑦ ⑥에 해당되는 경우, 가용성 인삼 성분 또는 가용성 홍삼 성분을 원재료로 사용한 때에는 해당 식품에 각각 인삼 성분 함량(mg/g) 또는 홍삼 성분함량(mg/g)을 표시하여야 한다.

⑧ 인삼은 뿌리 이외의 부위를 원재료로 사용한 경우에는 그 부위의 명칭을 표시하고, 2가지 이상의 부위를 함께 사용한 경우에는 각각의 명칭과 함량을 표시하여야 한다.

　　예시) 인삼의 열매를 사용한 경우에는 '인삼 열매'로 표시, 인삼의 열매를 사용하여 농축액을 제조한 경우 '인삼 열매 농축액'으로 표시, 인삼의 뿌리와 열매로 농축액을 제조한 경우 '인삼 농축액(뿌리80%, 열매20%)' 등

　　(식품 등의 표시 기준 II.3.바)

---

[60]　식품 등의 표시 기준 [표 1] 인삼의 유래 기본 문안 참조

예제 인삼 추출액이 함유되었다 하더라도 젤리의 제품명을 "인삼 젤리"로 사용해서는 안되며 인삼을 나타내는 어떠한 도안이나 그림 등은 사용해서는 안 된다. (X)

▶ 인삼 성분이 함유된 제품에는 인삼 또는 인삼을 나타내는 명칭(제품명을 포함한다), 도안 및 그림 등을 표시하거나 사용할 수 있다(식품 등의 표시 기준 II.3.바).

표시 사항별 세부 표시 기준

본 절에서는 식품 등의 표시 기준 『별지 1』 표시 사항별 세부 표시 기준에 관해 확인해 본다.

1. 식품(수입 식품 포함)

가. 제품명[61]

제품명은 그 제품의 고유 명칭으로서 허가 관청(수입 식품의 경우 신고 관청)에 신고 또는 보고하는 명칭으로 표시하여야 하며, 상호·로고 또는 상표 등의 표현을 함께 사용할 수 있다.

---

61) "제품명"이라 함은 개개의 제품을 나타내는 고유의 명칭을 말한다(식품 등의 표시 기준 I.3.가).

원재료명, 성분명 또는 여러 원재료를 통칭하는 명칭을 제품명 또는 제품명의 일부로 사용할 경우 표시 방법

원재료명 또는 성분명과 그 함량을 주 표시면에 14포인트 이상의 글씨로 표시

① 식품의 원재료가 추출물 또는 농축액인 경우: 그 원재료의 함량과 그 원재료에 함유된 고형분의 함량 또는 배합 함량을 백분율로 함께 표시

② 함량: 백분율, 중량, 용량

③ 제품명의 글씨 크기가 22포인트 미만인 경우에는 7포인트 이상의 글씨로 표시할 수 있다.

④ 예시: 흑마늘 ○○(흑마늘 ○○%), 딸기 ○○(딸기 추출물 ○○%(고형분 함량 ○○%)), 과일 ○○(사과 ○○%, 배 ○○%)

해당 식품 유형명, 즉석 섭취·편의 식품류명 또는 요리명을 제품명 또는 제품명의 일부로 사용하는 경우 표시 방법

식품 유형명, 즉석 섭취·편의 식품류명 또는 요리명의 함량 표시를 하지 않을 수 있다.

① 식품 유형명 사용 예시: "○○ 토마토 케첩" (식품 유형: 토마토 케첩), "○○조미김" (식품 유형: 조미 김)

② 즉석 섭취·편의 식품류명 사용 예시: "○○ 햄버거", "○○ 김밥", "○○ 순대"

③ 요리명 사용 예시: "수정과 ○○", "식혜 ○○", "불고기 ○○", "피자 ○○", "짬뽕 ○○", "바비큐 ○○", "갈비 ○○", "통닭 ○○"

"맛" 또는 "향"을 내기 위하여 사용한 원재료로 합성 향료만을 사용하여 제품명 또는 제품명의 일부로 사용한 경우 표시 방법

① 원재료명 또는 성분명 다음에 "향" 자를 사용

② 글씨 크기는 제품명과 같거나 크게 표시

③ 제품명 주위에 "합성○○향 첨가(함유)" 또는 "합성 향료 첨가(함유)" 등의 표시

④ 예시) 딸기향 캔디 (합성 딸기향 첨가)

<u>예제</u> 합성 향료를 사용한 커피향 캔디 제품에 "합성 커피향 첨가" 표시를 하였다. (O)

▶ "맛" 또는 "향"을 내기 위하여 사용한 원재료로 합성 향료만을 사용하여 제품명 또는 제품명의 일부로 사용하고자 하는 때에는 원재료명 또는 성분명 다음에 "향" 자를 사용하되, 그 글씨 크기는 제품명과 같거나 크게 표시하고, 제품명 주위에 "합성○○향 첨가(함유)" 또는 "합성 향료 첨가(함유)" 등의 표시를 하여야 한다.

<u>예시</u> 딸기향 캔디(합성 딸기향 첨가)
　　(식품 등의 표시 기준 『별지 1』 표시 사항별 세부 표시 기준 1.가.다))

나. 영업소(장) 등의 명칭(상호) 및 소재지

업종별 영업소(장)의 명칭(상호) 및 소재지를 표시하여야 한다.

업종	표시 사항
식품 등 제조·가공업	1. 영업소(장)의 명칭(상호) 및 소재지를 표시하되, 업소의 소재지 대신 반품 교환 업무를 대표하는 소재지를 표시할 수 있다. 2. 위탁하여 식품을 제조.가공한 경우에는 위탁을 의뢰한 영업소(장)의 명칭(상호) 및 소재지로 표시 3. 이 경우, 위탁을 의뢰받은 영업소(장)의 명칭(상호) 및 소재지를 제조 위탁 업소(위탁 제조원)으로서 추가 표시할 수 있다.
유통 전문 판매업	1. 영업소(장)의 명칭(상호) 및 소재지(또는 반품 교환 업무를 대표하는 소재지) 표시 2. 해당 식품의 제조·가공업의 영업소(장)의 명칭(상호) 및 소재지 표시 　예시) 유통 전문 판매 업소: 영업소(장)의 명칭(상호), 소재지 　제조업소: 영업소(장)의 명칭(상호), 소재지
식품 소분업	1. 영업소(장)의 명칭(상호) 및 소재지(또는 반품 교환 업무를 대표하는 소재지)를 표시 2. 해당 식품의 제조·가공업의 영업소(장)의 명칭(상호) 및 소재지를 함께 표시 3. 소분하고자 하는 식품이 수입 식품인 경우 식품 등의 수입 판매업 영업소(장)의 명칭(상호) 및 소재지도 함께 표시 　예시 1) 식품 소분업소: 영업소(장)의 명칭(상호), 소재지 　제조업소: 영업소(장)의 명칭(상호), 소재지 　예시 2) 식품 소분업소: 영업소(장)의 명칭(상호), 소재지 　수입 판매업소: 영업소(장)의 명칭(상호), 소재지 　제조업소: 업소명
수입 식품 등 수입 판매업	1. 영업소(장)의 명칭(상호) 및 소재지(또는 반품 교환 업무를 대표하는 소재지, 이 경우 '반품 교환 업무 소재지'임을 표시하여야 한다) 표시 2. 해당 수입 식품의 제조 업소명 표시. 제조 업소명이 외국어로 표시되어 있는 경우, 그 제조 업소명을 한글로 따로 표시하지 아니할 수 있다. 　예시) 수입 판매업소: 영업소(장)의 명칭(상호), 소재지(또는 반품 교환 업무 소재지) 　제조업소: 업소명
식육 포장 처리업, 축산물 가공업	영업소(장)의 명칭(상호) 및 소재지를 표시하되, 업소의 소재지 대신 반품교환업무를 대표하는 소재지를 표시할 수 있다.
축산물 유통 전문 판매업	1. 영업소(장)의 명칭(상호) 및 소재지(또는 반품 교환 업무를 대표하는 소재지) 표시 2. 축산물 가공업 또는 식육 포장 처리업(수입 축산물의 경우 축산물 수입 판매업)의 영업소(장)의 명칭(상호)과 소재지를 함께 표시하여야 한다.
식용란 수집 판매업	식용란 수집 판매업의 영업소(장)의 명칭(상호)과 소재지 표시
도축업(닭·오리의 식육에 한함)	도축장의 명칭과 소재지 표시

다. 제조 연월일[62]

"제조일"로 표시할 수 있으며 식품 유형에 따라 제조 일자를 표시해야 하거나 또는 아니할 수도 있기 때문에 매번 확인이 필요하다.

제조 연월일 표시 방법

---

① "00년 00월 00일", "00.00.00", "0000년 00월 00일" 또는 "0000.00.00" 다만, 축산물인 경우 위 방법 외 "00년 00월", "00.00.", "0000년 00월", "0000.00" 등 일자 생략 가능

② 제조일을 주표시면 또는 정보표시면에 표시하기가 곤란한 경우에는 해당 위치에 제조일의 표시 위치를 명시

③ 수입되는 식품 등에 표시된 수출국의 제조일 "연월일" 표시 순서가 ①의 기준과 다를 경우에는 소비자가 알아보기 쉽도록 "연월일"의 표시 순서를 예시하여야 한다.

④ 제조 연월일이 서로 다른 각각의 제품을 함께 포장하였을 경우에는 그 중 가장 빠른 제조 연월일을 표시하여야 한다. 다만, 소비자가 함께 포장한 각 제품의 제조 연월일을 명확히 확인할 수 있는 경우는 제외한다.

⑤ 제조 일자 표시 대상이 아닌 식품 등에 제조 일자를 표시한 경우 위 규정에 따라 표시하여야 하며, 표시된 제조 일자를 지우거나 변경하여서는 안 된다. 다만, 축산물의 경우 제품의 소비기한이 3개월 이내인 경우에는 제조 일자의 "년" 표시를 생략할 수 있다.

---

62) "제조 연월일"이라 함은 포장을 제외한 더 이상의 제조나 가공이 필요하지 아니한 시점(포장 후 멸균 및 살균 등과 같이 별도의 제조 공정을 거치는 제품은 최종공정을 마친 시점)을 말한다. 다만, 캅셀 제품은 충전·성형 완료 시점으로, 소분 판매하는 제품은 소분용 원료 제품의 제조 연월일로, 포장육은 원료 포장육의 제조 연월일로, 식육 즉석 판매 가공업 영업자가 식육 가공품을 다시 나누어 판매하는 경우는 원료 제품에 표시된 제조 연월일로, 원료 제품의 저장성이 변하지 않는 단순 가공 처리만을 하는 제품은 원료 제품의 포장 시점으로 한다. (제조 연월일의 영문명 및 약자 예시: Date of Manufacture, Manufacturing Date, MFG, M, PRO(P), PROD, PRD) (식품 등의 표시 기준 Ⅰ.3.다))

예제 1 수입 식품인 ABC쿠키는 제조 일자 표시를 "10.31.23"로 표시하였다. (X)

▶ 수입되는 식품 등에 표시된 수출국의 제조일의 "연월일"의 표시 순서가 한국 기준과 다를 경우가 있기 때문에 소비자가 알아보기 쉽도록 "연월일"의 표시 순서를 예시하여야 한다.

　예시) 10.31.23(읽는 순서: 월, 일, 년) 등

　(식품 등의 표시 기준 『별지 1』1.다.3))

예제 2 딸기 쿠키 5개, 초코 쿠키 1개, 바닐라 쿠키 1개인 제품을 포장 하였을 때 제조 연월일은 수량이 가장 많은 딸기 쿠키의 제조 일자를 따른다. (X)

▶ 제조 연월일이 서로 다른 각각의 제품을 함께 포장하였을 경우에는 그 중 가장 빠른 제조 연월일을 표시하여야 한다. 다만, 소비자가 함께 포장한 각 제품의 제조 연월일을 명확히 확인할 수 있는 경우는 제외한다.

　(식품 등의 표시 기준 『별지 1』 표시 사항별 세부 표시 기준 1.다.4))

　참조) 소비기한 또는 품질 유지 기한 표시도 동일한 규정을 따른다.

라. 소비기한 또는 품질 유지 기한

소비기한 또는 품질 유지 기한 표시 방법

① "00년 00월 00일까지", "00.00.00까지", "0000년 00월 00일까지", "0000.00.00까지" 또는 "소비기한: 0000년 00월 00일"로 표시하여야 한다. 다만, 축산물의 경우 제품의 소비기한이 3월 이내인 경우에는 소비기한의 "년" 표시 생략 가능

② 제조일을 사용하여 소비기한을 표시하는 경우에는 "제조일로부터 ○○일까지", "제조일로부터 00월까지" 또는 "제조일로부터 00년까지", "소비기한: 제조일로부터 00일"로 표시 가능

③ 제품의 제조·가공과 포장 과정이 자동화 설비로 일괄 처리 되어 제조 시간까지 자동 표시

할 수 있는 경우에는 "00월 00일 00시까지" 또는 "00.00.00 00:00까지"로 표시 가능

④ 품질 유지 기한은 "00년 00월 00일", "00.00.00", "0000년 00월 00일" 또는 "0000.00. 00"로 표시

⑤ 제조일을 사용하여 품질 유지 기한을 표시하는 경우에는 "제조일로부터 00일", "제조일로부터 00월" 또는 "제조일로부터 00년"으로 표시 가능

⑥ 소비기한 또는 품질 유지 기한을 주표시면 또는 정보표시면에 표시하기가 곤란한 경우에는 해당 위치에 소비기한 또는 품질 유지 기한의 표시 위치를 명시

⑦ 수입되는 식품 등에 표시된 수출국의 유통 기간 또는 품질 유지 기한의 "연월일"의 표시 순서가 ① 또는 ④의 기준과 다를 경우에는 소비자가 알아보기 쉽도록 "연월일"의 표시 순서를 예시하여야 하며, "연월"만 표시되었을 경우에는 "연월일" 중 "일"의 표시는 제품의 표시된 해당 "월"의 1일로 표시하여야 한다.

⑧ 소비기한 또는 품질 유지 기한 표시가 의무가 아닌 국가로부터 소비기한 또는 품질 유지 기한이 표시되지 않은 제품을 수입하는 경우 그 수입자는 제조국, 제조 회사로부터 받은 소비기한 또는 품질 유지 기한에 대한 증명 자료를 토대로 하여 한글 표시 사항에 소비기한 또는 품질 유지 기한을 표시

⑨ 소비기한 또는 품질 유지 기한의 표시는 사용 또는 보존에 특별한 조건이 필요한 경우, 이를 함께 표시하여야 한다. 이 경우 냉동 또는 냉장보관·유통하여야 하는 제품은 『냉동 보관』 및 냉동 온도 또는 『냉장 보관』 및 냉장 온도를 표시하여야 한다.(냉동 및 냉장 온도는 축산물에 한함)

⑩ 소비기한이나 품질 유지 기한이 서로 다른 각각의 여러 가지 제품을 함께 포장하였을 경우에는 그 중 가장 짧은 소비기한 또는 품질 유지 기한을 표시하여야 한다. 다만 소비기한 또는 품질 유지기 한이 표시된 개별 제품을 함께 포장한 경우에는 가장 짧은 소비기한만을 표시할 수 있다.

⑪ 자연 상태 식품 등 소비기한 표시 대상 식품이 아닌 식품에 소비기한을 표시한 경우에는 ①부터 ⑩까지의 표시 방법을 따라 표시(자연 상태 식품인 경우 ②와 ⑤ 중 "제조일"은 "생산 연월일 또는 포장일"로 본다). 이 경우, 표시된 소비기한이 경과된 제품을 수입·진열 또는 판매하

여서는 아니 되며, 이를 변경하여서도 아니 된다.

예제 1 정보표시면에 소비기한 표시가 어려운 제품의 경우 소비기한 표시란에 "별도 표시일까지" 라고 표기하였다. (X)

▶ 소비기한 또는 품질 유지 기한을 주표시면 또는 정보표시면에 표시하기가 곤란한 경우에는 해당 위치에 소비기한
또는 품질 유지 기한의 표시 위치를 명시하여야 한다.
  예시) "전면 우측 하단 표시일까지"
  (식품 등의 표시 기준 『별지 1』 표시 사항별 세부 표시 기준 1.라.6))

참조) 제조 일자 표시도 동일한 규정을 따른다.

예제 2 수입 식품인 망고 젤리는 소비기한 표시를 "우측 상단 별도 표시일까지"로 하고 "12.31.23"으로 표시하였다.
(X)

▶ 수입되는 식품 등에 표시된 수출국의 유통 기간 또는 품질 유지 기한의 "연월일"의 표시 순서가 한국 기준과 다를
경우가 있기 때문에 소비자가 알아보기 쉽도록 "연월일"의 표시 순서를 예시하여야 하며, "연월"만 표시되었을 경우
에는 "연월일" 중 "일"의 표시는 제품의 표시된 해당 "월"의 1일로 표시하여야 한다.
예시) 12.31.23(읽는 순서: 월, 일, 년) 등
(식품 등의 표시 기준 『별지 1』 표시 사항별 세부 표시 기준 1.라.7))

마. 내용량

내용량 표시 방법

---

① 내용물의 성상에 따라 중량·용량 또는 개수로 표시하되, 개수로 표시할 때에는 중량 또는
용량을 괄호 속에 표시. 이 경우 용기·포장에 표시된 양과 실제량과의 부족량의 허용 오차
(범위)는 아래 표와 같다.

② 먹기 전에 버리게 되는 액체[63] 또는 얼음과 함께 포장하거나 얼음 막을 처리하는 식품은 액체 또는 얼음(막)을 뺀 식품의 중량을 표시

③ 정제 형태로 제조된 제품의 경우에는 판매되는 한 용기·포장 내의 정제의 수와 총중량을, 캡슐 형태로 제조된 제품의 경우에는 캡슐 수와 피포제 중량을 제외한 내용량을 표시. 이 경우 피포제의 중량은 내용물을 포함한 캡슐 전체 중량의 50% 미만

④ 영양 성분 표시 대상 식품에 대하여 내용량을 표시하는 경우에는 그 내용량에 괄호로 하여 해당하는 열량을 함께 표시

　　예시　100g(240㎉)

⑤ 포장육 및 수입하는 식육 등 주표시면에 표시하기가 어려운 경우에는 해당 위치에 표시 위치를 명시할 수 있다(축산물에 한함).

⑥ 식용란은 개수로 표시하고 중량을 괄호 안에 표시

⑦ 닭·오리의 식육은 마리 수로 표시하고 중량을 괄호 안에 표시하여야 한다. 다만, 내용량이 1마리인 경우에는 중량만을 표시 가능.

허용 오차(범위)					
적용 분류	표시량	허용 오차	적용 분류	표시량	허용 오차
중량	50g 이하 50g 초과 100g 이하 100g 초과 200g 이하 200g 초과 300g 이하 300g 초과 500g 이하 500g 초과 1kg 이하 1kg 초과 10kg 이하 10kg 초과 15kg 이하 15kg 초과	9% 4.5g 4.5% 9g 3% 15g 1.5% 150g 1%	용량	50mL 이하 50mL 초과 100mL 이하 100mL 초과 200mL 이하 200mL 초과 300mL 이하 300mL 초과 500mL 이하 500mL 초과 1L 이하 1L 초과 10L 이하 10L 초과 15L 이하	9% 4.5mL 4.5% 9mL 3% 15mL 1.5% 150mL

* %로 표시된 허용 오차는 표시량에 대한 백분율임. 단, 두부류는 500g 미만은 10%, 500g 이상은 5%로 한다.

---

63)　제품의 특성에 따라 자연적으로 발생하는 액체를 제외한다.

예제 1 자연 상태 식품 오이를 20개씩 박스 포장한 제품의 내용량 표시를 "입수: 20개"로 표시하였다. (X)

▶ 내용물의 성상에 따라 중량·용량 또는 개수로 표시하되, 개수로 표시할 때에는 중량 또는 용량을 괄호 속에 표시하여야 한다. 용기·포장에 표시된 양과 실제량과의 부족량의 허용 오차(범위)는 위 표 참조
   예시) 입수: 20개(5kg) 다만, 자연 상태 식품의 포장 형태가 투명 포장일 때는 내용량 표시는 자율
   (식품 등의 표시 기준 『별지 1』 표시 사항별 세부 표시 기준 1.라.7))

예제 2 "가나다 농산"의 제품은 특성상 중량이 일정하지 않아 표시된 양보다 허용 오차가 초과되어 포장되는 경우가 많다. 이 경우 표시 기준 위반에 해당되는가?

▶ 표시된 양과 실제량과의 부족량에 대한 허용 오차(범위)가 규정되어 있으며 부족량이 허용 오차를 위반한 경우에는 행정 처분 대상이 되나, 표시된 양보다 실제량이 많은 경우에 대해서는 별도로 규정하고 있지 않다.
   (식품 등의 표시 기준 『별지 1』 표시 사항별 세부 표시 기준 1.마)) / (식품안전나라 식품 표시·광고 FAQ 356번)

예제 3 생굴 80%, 물 20%인 총중량 1kg 제품의 내용량을 "중량 1kg(실중량 0.8kg)로 표시하였다. (X)

▶ 내용량은 액체 또는 얼음(막)을 뺀 식품의 중량으로 표시하여야 하므로 0.8kg으로 표시하여야 하며, 물의 중량이 포함된 1kg을 별도로 표시하는 경우, 소비자 오인의 소지가 있어 추가로 표시해서는 안 된다.
   (식품 등의 표시 기준 『별지 1』 표시 사항별 세부 표시 기준 1.마.2)) / (식품안전나라 식품 표시·광고 FAQ 369번)

예제 4 군만두 제품인 "○○군만두"는 주표시면에 내용량 표시를 800g으로 하였다. (X)

▶ 영양 성분 표시 대상 식품에 대하여 내용량을 표시하는 경우에는 그 내용량에 괄호로 하여 해당하는 열량을 함께 표시하여야 한다.
   예시) 100g(240kcal)
   (식품 등의 표시 기준 『별지 1』 표시 사항별 세부 표시 기준 1.마.4))

바. 원재료명

1) 식품에 대한 표시

식품에 대한 표시 방법

---

① 식품의 처리·제조·가공 시 사용한 모든 원재료명[64]을 많이 사용한 순서에 따라 표시해야한다. 다만, 중량 비율로서 2% 미만인 나머지 원재료는 상기 순서 다음에 함량 순서에 따르지 아니하고 표시 가능

② 원재료명은 「식품위생법」 제7조 및 「축산물 위생관리법」 제4조에 따른 「식품의 기준 및 규격」, 표준국어대사전 등을 기준으로 대표명을 선정.

  • 수산물의 경우에는 「식품의 기준 및 규격」에 고시된 명칭(기타 명칭 또는 시장 명칭, 외래어의 경우 한글 표기법에 따른 외국어 명칭 포함)으로 표시해야 하지만 시장에서 널리 통용되는 형태학적 분류에 따른 명칭으로도 표시할 수 있다. 다만, 민어과에 대해서는 위 규정에 따른 명칭으로 표시해야 한다.

  • 위 규정에 따라 표시한 명칭 바로 뒤에 괄호로 생물 분류 중 "○○속" 또는 "○○과"의 명칭을 추가로 표시할 수 있다.

    예시) 긴가이석태(민어과)

③ 품종명을 원재료명으로 사용 가능 (예시: 청사과, ○○소고기, ○○돼지고기)

④ 제조·가공 과정을 거쳐 원래 원재료의 성상이 변한 것을 원재료로 사용한 경우에는 그 제조·가공 공정의 명칭 및 성상을 함께 표시 (예시: ○○농축액, ○○추출액, ○○발효액, 당화○○).

⑤ 복합 원재료를 사용한 경우에는 그 복합 원재료를 나타내는 명칭[65] 또는 식품의 유형을

---

64) 최종 제품에 남지 않는 물은 제외한다.
65) 제품명을 포함한다.

표시하고 괄호로 물을 제외하고 많이 사용한 순서에 따라 5가지 이상의 원재료명 또는 성분명을 표시해야 한다. 다만, 복합 원재료가 당해 제품의 원재료에서 차지하는 중량 비율이 5% 미만에 해당하는 경우 또는 복합 원재료를 구성하고 있는 복합 원재료의 경우에는 그 복합 원재료를 나타내는 명칭[66] 또는 식품의 유형만을 표시할 수 있다.

⑥ 원재료명을 주표시면에 표시하는 경우 해당 원재료명과 그 함량을 주표시면에 12포인트 이상의 글씨로 표시하여야 한다. 다만, 『별지 1』1.1.가.3)가)[67]에 해당하는 경우는 그에 따른른다.

⑦ 기계적 회수 식육만을 원재료로 사용할 경우에는 원재료명 다음에 괄호를 하고 '기계 발골육'[68] 사용 표시를 하여야 한다. 다만, 원재료가 일반 정육과 기계 발골육이 혼합되어 있을 경우에는 혼합 비율을 표시하여야 한다.

예시) 원재료로 기계 발골육 100% 사용 시: 닭고기(기계 골육)

원재료로 일반 정육과 기계 발골육이 혼합되어 사용시: 닭고기 00%(정육 00%, 기계 발골육 00%) 또는 닭고기 정육 00%, 닭고기(기계 발골육) 00%

⑧ 아마씨(아마씨유 제외)를 원재료로 사용한 때에는 해당 식품에 그 함량(중량)을 주표시면에 표시

---

66) 제품명을 포함한다.
67) 식품의 처리·제조·가공 시에 사용한 원재료명, 성분명 또는 과실·채소·생선·해물·식육 등 여러 원재료를 통칭하는 명칭을 제품명 또는 제품명의 일부로 사용하고자 하는 경우에는 해당 원재료명(식품의 원재료가 추출물 또는 농축액인 경우 그 원재료의 함량과 그 원재료에 함유된 고형분의 함량 또는 배합 함량을 백분율로 함께 표시한다) 또는 성분명과 그 함량(백분율, 중량, 용량)을 주표시면에 14포인트 이상의 글씨로 표시하여야 한다. 다만, 제품명의 글씨크기가 22포인트 미만인 경우에는 7포인트 이상의 글씨로 표시할 수 있다.
68) "기계 발골육"이라 함은 살코기를 발라내고 남은 뼈에 붙은 살코기를 기계를 이용하여 분리한 식육을 말한다(식품 등의 표시 기준 I.3.더.).

예제 1 오렌지주스 제품의 원재료 구성과 함량이 "정제수 45%, 설탕 40%, 오렌지 농축액 11.0%, 젖산 칼슘 3.9%, 합성 향료(오렌지향) 0.09%, 이산화티타늄(착색료) 0.01%"일 때, 원재료명 표시를 "오렌지 농축액, 설탕, 정제수, 젖산 칼슘, 합성 향료(사과향), 이산화티타늄(착색료)" 순서로 하였다. (X)

▶ 식품의 처리·제조·가공 시 사용한 모든 원재료명(최종 제품에 남지 않는 물은 제외한다. 이하 같다.)을 많이 사용한 순서에 따라 표시하여야 한다. 다만, 중량 비율로서 2% 미만인 나머지 원재료는 상기 순서 다음에 함량 순서에 따르지 아니하고 표시할 수 있다.

(식품 등의 표시 기준 『별지 1』 표시 사항별 세부 표시 기준 1.바.1) 가))

예제 2 "○○제육볶음"의 제조 시 사용된 정제수는 전체 함량의 10%였지만, 최종 제품에서는 정제수가 증발하여 전체 함량이 달라지게 되었을 때 표시 방법은?

▶ 식품의 제조·가공 시 사용한 모든 원재료는 사용한 순서에 따라 표시하여야 하며, 이 경우 최종 제품에 남아있지 않은 물은 제외할 수 있으므로 제품에 투입된 원재료 중 정제수가 증발되어 최종 제품에 남아 있지 않은 경우라면, 물에 대한 원재료명 표시를 생략할 수 있다.
또한, 원재료의 함량 표시는 의무 표시 사항에 해당되지 않으나, 이를 표시하고자 하는 경우 물을 제외한 나머지 원재료의 합을 근거로 하여 각각의 비율을 표시할 수 있다.

(식품안전나라 식품 표시·광고 FAQ 362번)

예제 3 "○○ 소시지"는 닭고기 정육 55%와 기계 발골육 닭고기 25%를 혼합하여 제조하여 다음처럼 주표시면에 표시하였다. 닭고기 80% (X)

▶ 기계적 회수 식육만을 원재료로 사용할 경우에는 원재료명 다음에 괄호를 하고 '기계 발골육' 사용 표시를 하여야 한다. 다만, 원재료가 일반정육과 기계 발골육이 혼합되어 있을 경우에는 혼합 비율을 표시하여야 한다.
예시) 원재료로 기계 발골육 100% 사용 시: 닭고기(기계 발골육)
　　　원재료로 일반 정육과 기계 발골육이 혼합되어 사용 시: 닭고기 00%(정육 00%, 기계 발골육 00%) 또는 닭고기 정육 00%, 닭고기(기계 발골육) 00%

(식품 등의 표시 기준 『별지 1』.1.바.1).사))

2) 식품 첨가물에 대한 표시

식품 첨가물에 대한 표시 방법

① [표 4][69]에 해당하는 용도로 식품을 제조·가공 시에 직접 사용·첨가하는 식품 첨가물은 그 명칭과 용도를 함께 표시

예시) 사카린나트륨(감미료) 등

② [표 5][70]에 해당하는 식품 첨가물의 경우에는 「식품 첨가물 기준 및 규격」에서 고시한 명칭 이나 같은 표에서 규정한 간략명으로 표시

③ [표 6][71]에 해당하는 식품 첨가물의 경우에는 「식품 첨가물 기준 및 규격」에서 고시한 명칭 이나 같은 표에서 규정한 간략명 또는 주 용도[72]로 표시. 다만, [표6]에서 규정한 주 용도 가 아닌 다른 용도로 사용한 경우에는 고시한 식품 첨가물의 명칭 또는 간략명으로 표시.

④ 혼합 제제류 식품 첨가물은 「식품 첨가물 기준 및 규격」에서 고시한 혼합 제제류의 명칭을 표시하고 괄호로 혼합 제제류를 구성하는 식품 첨가물 명칭 등을 모두 표시. 이 경우 식품 첨가물 명칭은 「식품 첨가물의 기준 및 규격」에서 고시한 명칭 대신 [표 5] 또는 [표 6]에서 규정한 간략명으로 표시할 수 있다.

예시) 면류첨가알칼리제(탄산 나트륨, 탄산 칼륨)

---

69) 명칭과 용도를 함께 표시하여야 하는 식품 첨가물(식품 등의 표시 기준 표 4 참고)
70) 명칭 또는 간략명을 표시하여야 하는 식품 첨가물(식품 등의 표시 기준 표 5 참고)
71) 명칭, 간략명 또는 주 용도를 표시하여야 하는 식품 첨가물(식품 등의 표시 기준 표 6 참고)
72) 중복된 사용 목적을 가질 경우에는 주요 목적을 주 용도로 한다.

예제 4 식품 첨가물 "이산화티타늄"을 정보표시면의 원재료명에 "이산화티타늄(착색료)"로 표기하였다. (O)

▶ [표 4](명칭과 용도를 함께 표시하여야 하는 식품 첨가물)에 해당하는 용도로 식품을 제조·가공 시에 직접 사용·첨가하는 식품 첨가물은 그 명칭과 용도를 함께 표시하여야 한다.
　예시) 사카린 나트륨(감미료) 등
　　(식품 등의 표시 기준『별지 1』표시 사항별 세부 표시 기준 1.바.2).가))

예제 5 "○○음료"의 오렌지주스에는 2가지 종류의 합성 향료가 포함된 혼합 제제를 사용하였고 원재료명에 "합성 향료"로만 표시하였다. (X)

▶ 혼합 제제류 식품 첨가물의 경우에는 이에 포함된 식품 첨가물 또는 원재료를 많이 사용한 순서대로 모두 표시하되, 중복된 명칭은 한번만 표시할 수 있다.
　다만, 합성 향료 2종을 사용한 경우라면 서로 다른 품목을 사용한 것에 해당되어 '합성 향료 1, 합성 향료 2', '합성 향료 2종', '합성 향료(딸기향, 포도향)' 등으로 각각 표시하여야 한다.
　(식품안전나라 식품 표시·광고 FAQ 411번)
　(식품 등의 표시 기준『별지 1』표시 사항별 세부 표시 기준 1.바.2).라))

예제 6 정보 표시면의 원재료명에 "L-글루탐산나트륨제제"로 표기하였다. (X)

▶ 혼합 제제류 식품 첨가물은「식품 첨가물 기준 및 규격」에서 고시한 혼합 제제류의 명칭을 표시하고 괄호로 혼합 제제류를 구성하는 식품 첨가물 명칭 등을 모두 표시하여야 한다. 이 경우 식품 첨가물 명칭은「식품 첨가물의 기준 및 규격」에서 고시한 명칭 대신 [표 5] 또는 [표 6]에서 규정한 간략명으로 표시할 수 있다.
　예시) 면류첨가알칼리제(탄산 나트륨, 탄산 칼륨)
　(식품 등의 표시 기준『별지 1』표시 사항별 세부 표시 기준 1.바.2).라))

3) 1)과 2) 규정에 대한 적용 예외

---
1)과 2) 규정임에도 불구하고 다음과 같이 표시되는 사항
---

① 복합 원재료를 사용하는 경우에는 복합 원재료의 식품의 유형 표시를 생략하고 이에 포함된 모든 원재료를 많이 사용한 순서대로 표시할 수 있다. 다만, 중복된 명칭은 한 번만 표시.

② 혼합 제제류 식품 첨가물의 경우에는 고시된 혼합 제제류의 명칭 표시를 생략하고 이에 포함된 식품 첨가물 또는 원재료를 많이 사용한 순서대로 모두 표시 가능. 하지만 중복된 명칭은 한번만 표시할 수 있다.

　예시) 물, 설탕, 식물성 크림(야자수, 설탕, 유화제), 혼합 제제(설탕, 안식향산나트륨) → 물, 설탕, 야자수, 유화제, 안식향산나트륨

③ 식용 유지는 "식용 유지명" 또는 "동물성 유지", "식물성 유지(올리브유 제외)"로 표시 가능. 하지만 수소 첨가로 경화한 식용 유지에 대하여는 경화유 또는 부분 경화유임을 표시해야 한다.

　예시) 식물성 유지(부분 경화유) 또는 대두부분경화유 등

④ 전분은 "전분명(OOO전분)" 또는 "전분"으로 표시할 수 있다.

⑤ 총 중량 비율이 10% 미만인 당절임 과일은 "당절임 과일"로 표시할 수 있다.

⑥ 「식품의 기준 및 규격」 제1. 4. 식품 원료 분류 1), 2)에 해당하는 원재료 중 개별 원재료의 중량 비율이 2% 미만인 경우에는 분류 명칭으로 표시할 수 있다.

⑦ 제품에 직접 사용하지 않았으나 식품의 원재료에서 이행(carry-over)된 식품 첨가물이 당해 제품에 효과를 발휘할 수 있는 양보다 적게 함유된 경우에는 그 식품 첨가물의 명칭을 표시하지 아니할 수 있다.

⑧ 식품의 가공 과정 중 첨가되어 최종 제품에서 불활성화되는 효소나 제거되는 식품 첨가물의 경우에는 그 명칭을 표시하지 아니할 수 있다.

⑨ 주표시면의 면적이 30㎠ 이하인 것은 물을 제외하고 많이 사용한 5가지 이상의 원재료명 만을 표시 가능.

⑩ 식품 첨가물 중 천연 향료나 합성 향료를 사용한 경우 각각 "천연 향료", "합성 향료"로 표시. 다만, 향료의 명칭을 추가로 표시할 수 있다.

예시) 천연 향료, 천연 향료(바닐라향), 천연 향료(바닐라추출물), 합성 향료, 합성 향료(딸기향)

예제 7 "○○ 양념 곱창"의 원재료 중 고추장은 복합 원재료로 구성되었으며 전체 원재료에 대한 중량 비율은 10%에 해당되며 다음과 같이 표기하였다. 고추장(정제수 35%, 고춧가루 25%(중국산), 물엿 16.5%(대만산), 소맥분(밀:미국산) 10%, 고추 양념(정제수 30%, 고춧가루 20%(중국산), 정제 소금(국내산)) 7%, 설탕 3%, 대파(국내산) 1%, 마늘(국내산) 1%, 생강(국내산) 1%, L-글루탐산나트륨(향미증진제) 0.5%) (X)

▶ 고추장(고춧가루(중국산), 물엿(대만산), 소맥분, 고추 양념(고춧가루 [중국산] , 정제 소금), 설탕, 대파, 마늘, 생강, L-글루 탐산나트륨(향미 증진제))

복합 원재료를 사용한 경우에는 그 복합 원재료를 나타내는 명칭(제품명을 포함한다) 또는 식품의 유형을 표시하고 괄호로 물을 제외하고 많이 사용한 순서에 따라 5가지 이상의 원재료명 또는 성분명을 표시하여야 한다. 다만, 복합 원재료가 당해 제품의 원재료에서 차지하는 중량 비율이 5% 미만에 해당하는 경우 또는 복합 원재료를 구성하고 있는 복합 원재료의 경우에는 그 복합 원재료를 나타내는 명칭(제품명을 포함한다) 또는 식품의 유형만을 표시할 수 있다.
(식품 등의 표시 기준 『별지 1』1.바.1).마))
다만, 중복된 명칭은 한 번만 표시할 수 있다.
(식품 등의 표시 기준 『별지 1』1.바.3).가))

- 복합 원재료를 사용한 경우 원산지 표시 방법은 1장.1절.8.가.가-2 참조

예제 8 혼합 제제류 식품 첨가물의 경우에는 고시된 혼합 제제류의 명칭 표시를 생략하고 이에 포함된 식품 첨가물 또는 원재료를 많이 사용한 순서대로 모두 표시할 수 있다. 다만, 중복된 명칭은 한번만 표시할 수 있다. (O)

▶ 예시) 물, 설탕, 식물성 크림(야자수, 설탕, 유화제), 혼합 제제(설탕, 안식향산나트륨) → 물, 설탕, 야자수, 유화제, 안식향산나트륨
(식품 등의 표시 기준 『별지 1』1.바.3).나))

예제 9 초콜릿 쿠키 제품인 "OO 쿠키"의 원재료 중 직접 사용하지 않은 식품 첨가물이 다른 원재료를 통해서 이행 (carry-over)되었고, 이행된 식품 첨가물은 "OO 쿠키" 제품에 식품 첨가물의 기능적인 효과를 발휘할 수 있는 양보다 작게 함유되었다 하더라도 그 식품 첨가물의 명칭은 필히 표시하여야 한다. (X)

▶ 제품에 직접 사용하지 않았으나 식품의 원재료에서 이행(carry-over)된 식품 첨가물이 당해 제품에 효과를 발휘할 수 있는 양보다 적게 함유된 경우에는 그 식품 첨가물의 명칭을 표시하지 아니할 수 있다.
  (식품 등의 표시 기준 『별지1 』1.바.3).사))

예제 10 A 제품은 보존료 사용이 금지된 품목이지만 A 제품의 원재료 B에는 보존료가 사용되었고 최종 제품인 A 제품에 검출된 보존료가 B 로부터 이행된 것이라면 원료로부터 이행된 범위 안에서 문제가 없다. (O)

▶ 어떤 식품에 사용할 수 없는 식품 첨가물이 그 식품 첨가물을 사용할 수 있는 원료로부터 유래된 것이라면 원료로부터 이행된 범위 안에서 식품 첨가물 사용 기준의 제한을 받지 아니할 수 있다.
  (식품공전 제2.3.3).)

예제 11 "OO 군만두" 제조에 사용된 식품 첨가물이 제조 과정에서 완전히 제거되어 최종 생산된 완제품에서는 잔존하지 않더라도 정보표시면의 원재료명에는 필히 기재를 해야 한다. (X)

▶ 식품의 가공 과정 중 첨가되어 최종 제품에서 불활성화되는 효소나 제거되는 식품 첨가물의 경우에는 그 명칭을 표시하지 아니할 수 있다.
  (식품 등의 표시 기준 『별지 1』1.바.3).아))

예제 12 식품 첨가물인 향료를 사용하였을 시 "천연" 또는 "합성"을 구분해서 표시해야 한다. (O)

▶ 식품 첨가물 중 천연 향료나 합성 향료를 사용한 경우 각각 "천연 향료", "합성 향료"로 표시하여야 한다. 다만, 향료의 명칭을 추가로 표시할 수 있다.
  예시) 천연 향료, 천연 향료(바닐라향), 천연 향료(바닐라추출물), 합성 향료, 합성 향료(딸기향)
  (식품 등의 표시 기준 『별지 1』1.바.3).아))

4) 식품 원재료로 사용한 추출물(또는 농축액)의 함량 표시

추출물(또는 농축액) 함량 표시 방법

---

① 추출물(또는 농축액)의 함량과 그 추출물(또는 농축액) 중에 함유된 고형분 함량(백분율)을 함께 표시

② 고형분 함량의 측정이 어려운 경우 배합 함량으로 표시 가능

예시) 딸기 추출물(또는 농축액) ○○%(고형분 함량 ○○% 또는 배합 함량 ○○%)

예시) 딸기 바나나 추출물(또는 농축액) ○○%(고형분 함량 딸기 ○○%, 바나나 ○○% 또는 배합 함량 딸기 ○○%, 바나나 ○○%)

예제 13 농축액을 식품의 원재료로 사용하였을 시 농축액 함량을 표시해야 한다. 하지만 농축액 중에 함유된 고형분 함량은 필수 표기 사항은 아니다. (X)

▶ 식품의 원재료로서 사용한 추출물(또는 농축액)의 함량을 표시하는 때에는 추출물(또는 농축액)의 함량과 그 추출물(또는 농축액) 중에 함유된 고형분 함량(백분율)을 함께 표시하여야 한다. 다만, 고형분 함량의 측정이 어려운 경우 배합 함량으로 표시할 수 있다.
예시) 딸기 추출물(또는 농축액) ○○%(고형분 함량 ○○% 또는 배합 함량 ○○%)
예시) 딸기 바나나 추출물(또는 농축액) ○○%(고형분 함량 딸기 ○○%, 바나나 ○○% 또는 배합 함량 딸기 ○○%, 바나나 ○○%)
(식품 등의 표시 기준 『별지 1』1.바.4)

사. 성분명 및 함량

제품에 직접 첨가하지 아니한 제품에 사용된 원재료 중에 함유된 성분명을 표시하고자 할 때에는 그 명칭과 실제 그 제품에 함유된 함량을 중량 또는 용량으로 표시하여야 한다. 다만, 이러한 성분명을 영양 성분 강조 표시에 준하여 표시하고자 하는 때에는 영양 성분 강조 표시 관련 규정을 준용할 수 있다.

아. 영양 성분 등

제1장. 제1절. 6. 영양 성분 표시 참조

예제 1 "○○ 치킨너겟"(식육 추출 가공품의 1회 섭취 참고량: 240g)은 1개 중량이 70g인 10개가 한 묶음으로 포장되어 있다. 영양 성분 함량 표시 기준의 방법을 나열하라.

▶ 단위 내용량이 100g(㎖) 미만이고 1회 섭취 참고량 미만인 경우 단위 내용량당 영양 성분 함량을 표시할 수 있다. 이 경우에는 총 내용량(1 포장)당 영양 성분 함량을 병행 표기 하여야 한다. 가)의 규정[73]에 따라 총 내용량이 100g(㎖)을 초과하고 1회 섭취 참고량의 3배를 초과하는 식품은 100g(㎖)당으로 병행 표기 할 수 있다.

(식품 등의 표시 기준 『별지 1』.1.아.1).라))

예제 2 "○○ 짜장면"은 면과 분말 스프, 액상 스프로 구성하여 1개의 완제품으로 품목 제조 보고를 하였기 때문에 영양 성분 함량은 전체의 양으로 표시한다. (O)

▶ 서로 유형 등이 다른 2개 이상의 제품이라도 1개의 제품으로 품목 제조 보고 한 제품이라면 그 전체의 양으로 표시한다.

예시) 라면은 면과 스프를 합하여 표시함

(식품 등의 표시 기준 『별지 1』 표시 사항별 세부 표시 기준 1.아.1).바))

---

73) 식품등의 표시기준 『별지1』.1.아.1).가)

개별 표시 사항 및 표시 기준 예제

예제 1 사탕수수에서 추출한 원당 100%를 정제하여 만든 설탕 제품에 "자연 설탕"이라 표시하였다. (X)

▶ 설탕은 "천연 설탕" 또는 "자연 설탕"이란 용어를 표시하여서는 아니 된다.

　(식품 등의 표시 기준 Ⅲ.1.사.2).거).(1))

예제 2 참깨 100%로부터 추출한 원료 유지를 정제한 제품은 참기름과 구분하여 표시해야 한다. (O)

▶ 참기름은 참기름 또는 추출 참깨유로 구분 표시 하여야 한다.

　(식품 등의 표시 기준 Ⅲ.1. 사.2).거).(4))

참조) 참기름은 참깨를 압착하여 얻은 압착 참기름 또는 이산화탄소(초임계 추출)로 추출한 초임계 추출 참기름을 말하며, 참깨로부터 추출한 원료 유지를 정제한 것은 추출 참깨유로 구분된다.

　(식품 첨가물공전. 식품 유형별 기준 규격. 7.7-1.4).(5).(6))

예제 3 카페인 함량을 90퍼센트(%)이상 제거한 녹차 음료 제품인 "○○녹차"는 주표시면에 "탈카페인 제품" 문구를 표시하였다. (O)

▶ 카페인 함량을 90퍼센트(%)이상 제거한 제품은 "탈카페인(디카페인) 제품"으로 표시할 수 있다.

　(식품 등의 표시 기준 Ⅲ.1.자.2).거).(1).(다))

예제 4 탄산음료는 제품 400mL당 열량이 2㎉ 이하인 제품이라도 "다이어트"라는 용어를 표시할 수 없다. (X)

▶ 탄산음료 중 제품 400mL당 열량이 2㎉ 이하인 제품은 "다이어트"라는 용어를 표시할 수 있다.

　(식품 등의 표시 기준 Ⅲ.1.자.2).거).(4))

예제 5 먹는 물 등에 희석해서 음용하는 분말 형태의 "음료 베이스" 제품인 "OO베리 파우더"는 천연 OO베리를 사용하여 가공하였음을 표현하기 위하여 "천연"이라는 문구를 사용하였다. (X)

▶ 분말 형태의 음료 베이스는 분말 제품임을 표시하고, "천연", "신선", "자연" 또는 "농축"이라는 용어를 사용하여서는 아니 된다. 다만, 100% 천연향을 사용한 경우 "천연○○향 첨가"라는 표시를 할 수 있다.

(식품 등의 표시 기준 III.1.자.2).거).(8))

참조) "음료 베이스"란 동·식물성 원료를 이용하여 가공한 것이거나 이에 식품 또는 식품 첨가물을 가한 것으로서, 먹는 물 등과 혼합하여 음용하도록 만든 것을 말한다. (식품 및 첨가물공전. 식품 유형별 기준 규격. 9.9-8.4).(2)) 이는 농축과·채즙(또는 과·채분) 유형과는 구분된다.

농축과·채즙(또는 과·채분): 과일즙, 채소즙 또는 이들을 혼합하여 50% 이하로 농축한 것 또는 이것을 분말화한 것.

(식품 및 첨가물공전. 식품 유형별 기준 규격. 9.9-3.4).(1))

예제 6 OO유업의 영아용 조제유 제품인 "OOO"의 주표시면에는 "모유가 아기에게 가장 좋은 식품입니다"라는 표시를 하였다. (O)

▶ 영아용 조제유는 "모유가 아기에게 가장 좋은 식품입니다."라는 내용의 안내 표시를 12포인트 이상의 글씨로 표시하여야 한다.

(식품 등의 표시 기준 III.1.차.2).거).(2).(사))

예제 7 암 환자용 특수 의료 용도 식품인 "OO 케어" 제품은 섭취 시 항암 효과가 있음을 표현하였다. (X)

▶ 특수 의료 용도 식품은 의약품 또는 건강 기능 식품이 아니며, 치료 효과 등을 표시해서는 안 된다.

(식품 등의 표시 기준 III.1.카.2).거).(3))

예제 8 돼지 등심육을 주원료로 제조한 베이컨이라도 제품명으로 특정 부위 명칭인 "등심 베이컨"은 제품명으로 사용할 수 없다. (X)

▶ 식육의 종류(품종명을 포함한다) 또는 부위명을 제품명으로 사용하고자 할 경우 다음에서 정하는 대로 주표시면에 표시하여야 한다(식육 함유 가공품, 수입하는 식육 제외).

　(가) 가장 많이 사용한 원료 식육의 종류(품종명을 포함한다) 또는 부위명을 제품명으로 사용하여야 하며 이 경우 제품에 사용한 모든 식육의 종류(품종명을 포함한다) 또는 부위명과 그 함량을 표시하여야 한다.

　(나) 2가지 이상의 식육의 종류(품종명을 포함한다) 또는 부위명을 서로 합성하여 제품명 또는 제품명의 일부로 사용하고자 하는 경우, 많이 사용한 순서에 따라 각각의 식육의 종류(품종명을 포함한다) 또는 부위명의 함량을 표시하여야 한다.

　(식품 등의 표시 기준 Ⅲ.1.더.2).거).(4))

예제 9 원재료 구성이 돼지고기 80%, 물15%, 부재료 5%인 편육 제품의 주표시면에 돼지고기의 함량 표시를 94% 하였다. (O)

▶ 식육 가공품에는 원재료의 전부가 식육인 것으로 오인되게 하는 표시를 하여서는 아니 되며, 제품에 사용한 모든 식육의 종류 및 함량을 표시하여야 하며, 이 경우 식육의 함량은 「축산물 위생관리법」 제22조 제1항에 따라 축산물 가공업의 허가를 받은 영업자 또는 「수입식품안전관리특별법」 제20조 제1항에 따라 수입 신고 하는 자가 품목 제조 보고 또는 수입 신고 할 때 서식에 기재하는 원재료 또는 성분의 배합 비율을 그대로 표시하여야 하고, 「축산물 위생관리법」 제24조 제1항에 따라 식육 즉석 판매 제조 가공업의 신고를 한 영업자 및 「식품위생법」 제37조 제4항에 따라 즉석 판매 제조·가공업의 신고를 한 영업자는 제품에 실제로 사용한 원재료 또는 성분의 배합 비율을 그대로 표시하여야 한다(식육 함유 가공품 제외). 다만, 식품 유형 중 햄류(캔 햄류 제외), 소시지류(비가열 소시지류 제외), 베이컨류, 건조 저장 육류, 양념육 중 수육과 편육, 갈비 가공품은 물을 제외한 배합 비율에 따라 표시할 수 있다.

예시) 베이컨의 원재료 배합 비율: 돼지고기 80%, 물 15%, 부재료 5% → 돼지고기 함량: 94%(80/85×100).

(식품 등의 표시 기준 Ⅲ.1.더.2).거).(5))

예제 10 어육 가공품인 어묵에 해당하는 "OO게맛살"은 특정 어육의 도안에 해당 어육이 아님을 표시하였고, 특정어육 함유량은 35% 미만이다. (X)

▶ 맛살류 제품(게맛살, 새우맛살 등)은 제품의 명칭이나 도안에 나타나 있는 특정 어육이 아니라는 표시와 포함된 주요 성분의 함유량 또는 함유율 및 향의 명칭을 표시하여야 하고, 그 특정 성분이 35퍼센트(%) 미만일 경우 용기나 포장에 그 특정 성분과 관련된 그림이나 사진을 표시할 수 없다.

(식품 등의 표시 기준 Ⅲ.1.버.2).거).(2))

예제 11 즉석 섭취 식품인 샌드위치의 소비기한 표시 방법은 "○○월 ○○일까지"로 표시하여야 한다. (X)

▶ 즉석 섭취 식품 중 도시락, 김밥, 햄버거, 샌드위치, 초밥의 제조 연월일 표시는 제조일과 제조 시간을 함께 표시하여야 하며, 소비기한 표시는 "○○월 ○○일 ○○시까지", "○○일 ○○시까지" 또는 "○○.○○.○○ 00:00까지"로 표시하여야 한다.

(식품 등의 표시 기준 Ⅲ.1.저.2). 거).(2))

예제 12 계란은 채집한 날을 기준으로 산란일을 표시해야 한다. (X)

▶ 산란일(산란 시점으로부터 36시간 이내 채집한 경우에는 채집한 날을 산란일로 표시할 수 있다)

(식품 등의 표시 기준 Ⅲ.1.커.1).나).(1))

예제 13 닭식육의 생산 연월일은 최종 포장이 완료된 일자이다. (X)

▶ 닭·오리 식육의 생산 연월일은 도축하는 날로 하며, 표시는 포장이 완료된 시점에 표시하여야 한다.

(식품 등의 표시 기준 Ⅲ.1.터.1).다))

예제 14 내용물을 확인할 수 있도록 투명 포장(진공 포장이 아님)된 자연 상태 식품은 내용량 표시를 생략해도 된다. (O)

▶ 비닐랩(wrap) 등으로 포장(진공 포장 제외)하여 관능으로 내용물을 확인할 수 있도록 투명하게 포장한 자연 상태 식품은 내용량 표시를 생략할 수 있다.

(식품 등의 표시 기준 Ⅲ.1.퍼.2).라))

예제 15 자연 상태 식품 "○○ 단감"의 포장 형태는 투명 포장(진공 포장이 아님)이기 때문에 포장일을 생략해도 무방하다. (O)

▶ 투명 포장 한 자연 상태 식품 중 냉동·건조·염장·가열 처리 하지 아니한 것은 생산 연도, 생산 연월일 또는 포장일을 생략할 수 있다.

(식품 등의 표시 기준 Ⅲ.1.퍼.2).아).(3))

예제 16 식품 용기의 재질 표시는 식품과 직접 접촉하는 부분의 재질만을 표시할 수 있다. (O)

▶ 기구 및 용기·포장의 재질표시는 식품과 직접 접촉하는 부분의 재질만을 표시할 수 있다.

(식품 등의 표시 기준 Ⅲ.4.가.5).바))

품목 제조 보고

품목 제조 보고는 표시·광고 규정과는 별개 사항이지만 식품업 종사자들에게는 실무에서 필수적으로 접할 수밖에 없는 업무이기에 본 절에서는 식품위생법[74], 시행령[75], 시행 규칙[76] 그리고 식약처에서 발간한 "알기 쉬운 식품 등의 품목 제조 보고 요령" (2020.7.30.)을 바탕으로 요약 정리 해 보겠다.

---

74) [시행 2022. 12. 11.] [법률 제18967호, 2022. 6. 10., 일부개정]
75) [시행 2022. 7. 28.] [대통령령 제32814호, 2022. 7. 19., 일부개정]
76) [시행 2022. 10. 29.] [총리령 제1803호, 2022. 4. 28., 일부개정]

1. 품목 제조 보고

식품 또는 식품 첨가물의 제조업·가공업(공유 주방[77]에서 식품을 제조·가공하는 영업을 포함)의 허가를 받거나 신고 또는 등록을 한 자가 식품 또는 식품 첨가물을 제조·가공하는 경우에는 총리령으로 정하는 바에 따라 식약처장 또는 특별자치시장·특별자치도지사·시장·군수·구청장에게 그 사실을 보고하여야 한다. 보고한 사항 중 총리령으로 정하는 중요한 사항을 변경하는 경우에도 또한 같다(식품위생법 제37조 제6항).

대상 업종·보고 기관·보고 기한

① 식품 제조·가공업: 지방 식약청(주류에 한함), 시·군·구

② 식품 첨가물 제조업: 시·군·구

③ 보고 기한: 제품별로 제품 생산 시작 후 7일 이내

---

77) "공유주방"이란 식품의 제조·가공·조리·저장·소분·운반에 필요한 시설 또는 기계·기구 등을 여러 영업자가 함께 사용하거나, 동일한 영업자가 여러 종류의 영업에 사용할 수 있는 시설 또는 기계·기구 등이 갖춰진 장소를 말한다(식품위생법 제2조5의2).

2. 품목 제조 보고 대상 여부

품목 제조 보고 대상	품목 제조 보고 비대상

• 가공 식품
• 식품 첨가물
 	
• 영업자가 원하는 경우
  - 절단, 절임 등 제조 공정이 있는 자연산물
  - 자사 및 타사 가공 식품 세트 포장 하는 경우
  - 자사 제품 원료용 반제품
	• 자연산물(농·축·수·임산물)
	• 자사 또는 다른 업체의 완제품을 단순 합포장(세트 포장)
	  하는 경우
	• 자사 제품 원료용 반제품
	• 벌크 입고된 제품을 소분·포장하는 경우

아래 예제들은 식약처 "알기 쉬운 식품 등의 품목 제조 보고 요령" Q&A를 편집 작성하였다.

예제 1 농산물을 건조하여 차로 우려 마시는 제품인 경우 품목 제조 보고를 할 필요가 없다. (X)

▶ 식물성 원료를 티백 형태 등으로 포장하여 물에 침출하여 그 여액을 음용하는 제품이라면 「식품의 기준 및 규격」에 따라 '침출차'에 해당하는 가공 식품으로 판단되며, 이 경우 「식품위생법」에 따른 식품 제조·가공업 영업 등록과 당해 제품에 대한 품목 제조 보고 하여야 한다.

예제 2 품목 제조 보고 시 원재료 배합비 산정은?

▶ 품목 제조 보고 시 원재료명 또는 성분명 및 배합 비율은 원료가 투입되는 시점을 기준으로 기재하여야 한다.

예제 3 원재료로 정제수가 사용되나 품목 제조 보고 시 정제수를 제외하고 보고할 수 있다. (X)

▶ 원재료명 또는 성분명 및 배합 비율은 '정제수를 포함'하여 실제 투입되는 원료를 기준으로 기재하여야 한다.

예제 4 품목 제조 보고 시 복합 원재료를 다 풀어서 기재할 필요는 없다. (O)

▶ 식품을 제조·가공하려는 자가 식품 또는 식품 첨가물을 제조·가공하는 경우 영업등록관청에 실제 투입된 원료에 대한 원재료명 또는 성분명 및 배합 비율 등에 대하여 사실대로 기재하여 품목 제조 보고를 하여야 한다. 다만, 품목 제조 보고 시 사용한 복합 원재료의 경우 복합 원재료를 구성하는 세부 원재료는 기재하지 않아도 된다.

예제 5 마쪼아 식품 제조·가공 업소가 달콤 식품 제조·가공 업소에 제조·가공을 위탁한 경우 품목 제조 보고 및 자가 품질 검사는 어떤 업소에서 하여야 하나?

▶ 품목 제조 보고는 위탁자(마쪼아)가 하여야 하며, 자가 품질 검사는 위탁자(마조아) 또는 수탁자(달콤)가 실시할 수 있다.

예제 6 여러 유통 전문 판매 업소들이 마쪼아 식품에게 동일한 제품을 생산 의뢰 한 경우라면 각각의 다른 제품명으로 품목 제조 보고를 할 수도 있다. (O)

▶ 여러 유통 전문 판매 업소에서 한곳의 식품 제조·가공 업소에 의뢰하여 제품을 생산하는 경우라면 같은 배합 비율, 제조 방법 등을 사용한 동일한 제품일 경우라도 다른 제품명으로 각각 품목 제조 보고가 가능하다.

예제 7 더 이상 제품을 생산하지 않아 품목 제조 보고를 중지한 경우, 이미 생산하여 유통 기한이 남은 제품은 판매할 수 없다. (X)

▶ 「식품위생법」 상 '품목 제조 보고 중지'에 대하여 별도로 규정하고 있지 않으므로, 현재 생산하지 않더라도 이미 적법하게 생산한 제품은 유통 기한 내에 판매가 가능하다.

예제 8 품목 제조 보고 한 제품의 중량이 바뀔 때마다 품목 제조 보고 변경 신고는 해야 한다. (X)

▶ 「식품위생법」상 품목 제조 보고 한 사항과 다른 중량으로 제품을 제조·가공하는 경우에는 품목 제조 변경 보고 대상은 아니나, 관할 등록관청에 이를 보고한 후 생산·유통할 것을 권고.

예제 9 원재료의 원산지가 변경된다면 품목 제조 보고 변경도 하여야 한다. (X)

▶ 원재료에 대한 원산지는 기재 대상에 해당되지 않으므로. 원재료명 및 함량, 제조 방법, 성상 등이 동일한 제품의 경우 원산지별로 별도 구분하여 품목 제조 보고 하거나 변경 신고를 할 필요는 없다.

예제 10 도시락을 제조하는 식품 제조·가공 업소로 도시락을 구성하는 메뉴가 변경될 때마다 품목 제조 보고 변경 보고를 하여야 하나?

▶ 도시락의 경우 제품의 특성상 최초 품목 제조 보고 시 '도시락(즉석 섭취 식품)'으로 보고하되 변경 가능한 구성 품목의 종류를 모두 일괄 보고 할 수 있으며, 이 경우 자체 원료 수불 관계 서류, 생산 일지 등에 당해 날짜에 사용한 원료, 생산한 품목 등에 대하여 정확히 기록하여 관리하고 제품의 표시 사항에는 실제 사용된 품목에 대해 정확히 표시하도록 하여, 차후 위생 점검 시 원료 수불 관계 서류, 생산 일지 등과 제품의 표시 사항을 확인할 수 있도록 관리하여야 한다.

예제 11 품목 제조 보고 작성 시 원재료 배합 비율은 꼭 100%로 맞춰야 한다. (X)

▶ 「식품위생법」에 따른 품목 제조 보고는 실제로 투입된 원재료 모두를 사실대로 기재하여야 한다. 다만, 배합 비율 표시는 식품 공전 및 식품 첨가물 공전에 사용 기준이 정하여져 있는 원재료 또는 성분의 경우만 해당되므로, 사용 기준이 정하여져 있는 원재료 및 성분의 배합 비율만을 기재할 경우 총 비율이 100%가 되지 않을 수 있다.

예제 12 원재료의 제품명이 변경된 경우 품목 제조 보고 변경 보고를 해야 한다. (X)

▶ 최초 품목 제조 보고 시에 보고한 원재료 자체가 변경된 것이 아닌, 원재료의 제품명만 변경된 경우라면 품목 제조 보고 변경 보고 대상에 해당하지 않는다.

예제 13 제품의 원재료, 배합 비율 등이 동일하지만 보관 방법이 냉장과 냉동으로 다르고 유통 기한이 다른 경우라면 각각 품목 제조 보고를 하지 않아도 된다. (X)

▶ 「식품위생법」 제37조 제6항 및 같은 법 시행 규칙 제45조 제1항에 따라 품목 제조 보고를 할 경우 제품의 원재료, 배합 비율 등이 동일하지만 보관 방법이 각각 냉장과 냉동으로 다르고 유통 기한이 상이한 경우 별도로 품목 제조 보고를 하여야 한다.

예제 14 국내 내수용 제품과 동일한 제품을 수출할 경우 품목 제조 보고서에 수출용으로 기재하여야 한다. (X)

▶ 식품 제조·가공 업자가 기 품목 제조 보고 한 내수용 제품과 원재료, 배합 비율 등이 모두 동일한 제품을 수출하려는 경우, 수출용에 대하여 별도로 품목 제조 보고 하지 않고 기존 내수용 제품의 품목 제조 보고서로 함께 관리가 가능하다. 다만, 기존 내수용 제품과 제품명, 원재료, 배합 비율 등이 달라지는 경우 '수출용 제품'으로 별도 품목 제조 보고를 하여야 한다.

예제 15 식품 제조·가공 업체에서 여러 가지 원료가 혼합된 반제품을 만들 경우 품목 제조 보고를 하여야 하나? 또한 표시 기준에 따른 복합 원재료에 해당하나?

▶ 품목 제조 보고는 유통·판매를 목적으로 하는 최종 제품이 대상이며, 유통·판매를 목적으로 생산하는 제품이 아닌 자사에서 최종 제품의 원료로 사용하기 위하여 직접 제조·가공하는 반제품은 별도의 품목 제조 보고 대상에 해당하지 않는다. 참고로, 「식품 등의 표시 기준」 I.3.더.에 따라 '복합 원재료라 함은 2종류의 원재료 또는 성분으로 제조·가공하여 다른 식품의 원료로 사용되는 것으로서 행정관청에 품목 제조 보고 되거나 수입 신고 된 식품을 말한다.' 라고 규정하고 있어 자사의 최종 제품에 사용하기 위하여 제조·가공하는 반제품은 복합 원재료에 해당되지 않는다.

예제 16 식품 제조·가공 업소가 자사 제품과 타사 증정용 가공 식품을 합포장(세트 포장)하는 경우 품목 제조 보고 대상한다. (X)

▶ 식품 제조·가공업 영업자가 품목 제조 보고 한 자사의 제품과 타 사(완제품)의 제품을 최종 판매 단위 제품 그대로 단순히 하나의 세트로 구성하여 판매하는 경우, 식품 위생법상 별도의 영업 신고 및 품목 제조 보고 대상에 해당하지 않는다.

예제 17 제조하는 품목의 생산을 중단하는 경우 품목 제조 중단 신청을 할 수 있나?

▶ 식품위생법에는 식품 제조·가공업자가 제조하는 품목에 대하여 중단하고자 하는 경우 품목 제조 보고 중단에 관한 규정은 없으나, 식품안전나라(http://www.foodsafetykorea.go.kr)의 우리 회사 안전 관리 시스템에서 품목 제조 보고 중단을 신청할 수 있다.

예제 18 공장을 증설해서 타 관할지로 소재지를 이전할 경우 기존에 사용하던 품목 제조 보고 번호도 변경되나?

▶ 식품 제조·가공업자가 영업장 소재지를 이전할 경우 「식품위생법 시행령」 제26조의3 및 같은 법 시행 규칙 제43조의3에 따라 별지 제41호의4 서식의 변경 등록 신청서를 작성하여 등록관청에 변경 등록을 하여야 한다. 이 경우 기존 품목 제조 보고 하였던 사항, 영업 등록 사항은 자동으로 이전되므로, 기존 품목 제조 보고 번호를 그대로 사용할 수 있다.

자료: 식약처 고시 「식품 등의 표시 기준」

[부록 1] 1회 섭취 참고량

번호	식품군	식품종	식품 유형	세부	1회 섭취 참고량
1	과자류, 빵류 또는 떡류		과자	강냉이, 팝콘	20g
				기타	30g
			캔디류	양갱	50g
				푸딩	100g
				그 밖의 해당식품	10g
			추잉껌		2g
			빵류	피자	150g
				그 밖의 해당식품	70g
			떡류		100g
2	빙과류	아이스크림류			100ml 또는 제품별로 이에 해당하는 g
		아이스크림믹스류			-
		빙과	빙과		100g(ml)
		얼음류			-
3	코코아가공품류 또는 초콜릿류	코코아가공품류			-
		초콜릿류	초콜릿가공품		30g
			초콜릿가공품을 제외한 초콜릿류		15g
4	당류	설탕류	설탕		5g
			기타설탕		5g
		당시럽류	당시럽류		10g
		올리고당류			-
		포도당			-
		과당류			-
		엿류	기타엿	덩어리엿	30g
				가루엿	5g
		당류가공품			-
5	잼류		잼		20g
			기타잼		20g
6	두부류 또는 묵류		두부		80g
			유바		80g
			가공두부		80g
			묵류		80g
7	식용유지류	식물성유지류	콩기름(대두유)		5g(ml)
			옥수수기름(옥배유)		5g(ml)
			채종유 (유채유 또는 카놀라유)		5g(ml)
			미강유(현미유)		5g(ml)

번호	식품군	식품종	식품 유형	세부	1회 섭취 참고량
			참기름		5g(ml)
			추출참깨유		-
			들기름		5g(ml)
			추출들깨유		-
			홍화유 (사플라워유 또는 잇꽃유)		5g(ml)
			해바라기유		5g(ml)
			목화씨기름(면실유)		5g(ml)
			땅콩기름(낙화생유)		5g(ml)
			올리브유		5g(ml)
			팜유류		5g(ml)
			야자유		5g(ml)
			고추씨기름		5g(ml)
			기타식물성유지		5g(ml)
		동물성유지류			-
		식용유지가공품	혼합식용유		5g(ml)
			향미유		5g(ml)
			가공유지		5g(ml)
			쇼트닝		5g(ml)
			마가린		5g(ml)
			모조치즈		20g
			식물성크림		5g
			기타 식용유지가공품		-
8	면류		생면		200g
			숙면		200g
			건면		100g
			유탕면	봉지	120g
				용기	80g
9	음료류	다류	침출차		200ml
			액상차		200ml
			고형차		200ml
		커피	커피		200ml
		과일·채소류음료	농축과·채즙 (또는과·채분)		200ml
			과·채주스		200ml
			과·채음료		200ml
		탄산음료류			200ml
		두유류			200ml
		발효음료류			100ml
		인삼·홍삼음료			150ml
		기타음료	혼합음료		200ml
			음료베이스		150ml
10	특수영양식품	조제유류			-
		영아용 조제식			-
		성장기용 조제식			-
		영·유아용 이유식			-

번호	식품군	식품종	식품 유형	세부	1회 섭취 참고량
		체중조절용 조제식품			40g
		임산·수유부용식품			20g
11	특수의료 용도식품	표준형 영양조제식품			-
		맞춤형 영양조제식품			-
		식단형 식사관리식품			-
12	장류		메주		-
			한식간장		5ml
			양조간장		5ml
			산분해간장		5ml
			효소분해간장		5ml
			혼합간장		5ml
			한식된장		10g
			된장		10g
			고추장		10g
			춘장		15g
			청국장		20g
			혼합장		15g
			기타장류		10g
13	조미식품	식초			5ml
		소스류	소스		15g
			마요네즈	드레싱	10g
			토마토케첩		10g
			복합조미식품		-
		카레(커리)	레토르트식품		200g
			기타		25g
		고춧가루 또는 실고추			-
		향신료가공품			-
		식염			-
14	절임류 또는 조림류	김치류	김칫속		-
			김치	배추김치	40g
				물김치	60g
				기타김치	40g
		절임류	절임식품	장류절임 중 장아찌	15g
				그 밖의 해당식품	25g
			당절임		25g
		조림류			-
15	주류	발효주류			-
		증류주류			-
		기타주류			-
		주정			-
16	농산가공식품류	전분류			-
		밀가루류			-

번호	식품군	식품종	식품 유형	세부	1회 섭취 참고량
		땅콩 또는 견과류가공품류	땅콩버터		5g
			땅콩 또는 견과류가공품		10g
		시리얼류	시리얼류		30g
		찐쌀	찐쌀		-
		효소식품	효소식품		-
		기타 농산가공품류	과·채가공품	건과류	5g
				기타	30g
17	식육가공품 및 포장육	햄류	햄		30g
			프레스햄		30g
		소시지류	소시지		30g
			발효소시지		30g
			혼합소시지		30g
		베이컨류	베이컨류		30g
		건조저장육류	건조저장육류		15g
		양념육류	양념육		60g
			분쇄가공육제품		30g
			갈비가공품		60g
		식육추출가공품	식육추출가공품		240g
		식육간편조리세트			-
		식육함유가공품	식육함유가공품	육포 등 육류 말린 것	15g
				그 밖의 해당식품	30g
		포장육			-
18	알가공품류	알가공품			50g
		알함유가공품			50g
19	유가공품	우유류	우유		200ml
			환원유		200ml
		가공유류	강화우유		200ml
			유산균첨가우유		200ml
			유당분해우유		200ml
			가공유		200ml
		산양유	산양유		200ml
		발효유류	발효유		80ml 또는 80g
			발효유와 발효유분말을 제외한 발효유류		액상 150ml, 호상 100ml 또는 100g
		버터유	버터유		-
		농축유류			-
		유크림류			-
		버터류			-
		치즈류	자연치즈		20g
			가공치즈		20g
		분유류			-
		유청류			-
		유당			-

번호	식품군	식품종	식품 유형	세부	1회 섭취 참고량
		유단백가수분해식품			-
		유함유가공품			-
20	수산가공식품류	어육가공품류	어육살		30g
			연육		30g
			어육반제품		30g
			어묵		30g
			어육소시지		30g
			기타 어육가공품		30g
		젓갈류			-
		건포류	조미건어포		15g
			건어포		15g
			기타 건포류		15g
		조미김	조미김		4g
				김자반	10g
		한천			-
		기타 수산물가공품			-
21	동물성 가공식품류	기타식육 또는 기타알제품	기타식육 또는 기타알		60g
		곤충가공식품			-
		자라가공식품			-
		추출가공식품			80g
22	벌꿀 및 화분가공품류	벌꿀류			20g
		로얄젤리류			-
		화분가공식품			-
23	즉석식품류	생식류			40g
		즉석섭취· 편의식품류		도시락, 김밥류 등	1식
				햄버거, 샌드위치류	150g
				그 밖의 해당식품	1식
		만두류	만두		150g
24	기타식품류	효모식품	효모식품		-
		기타가공품	기타가공품		-
25	식용란		식용란		50g
26	닭·오리의식육				-
27	자연상태 식품				-

[부록 2] 명칭과 용도를 함께 표시하여야 하는 식품 첨가물

식품 첨가물의 명칭	용도
사카린나트륨 아스파탐 글리실리진산이나트륨 수크랄로스 아세설팜칼륨	감미료
식용색소녹색 제3호 식용색소녹색 제3호 알루미늄레이크 식용색소적색 제2호 식용색소적색 제2호 알루미늄레이크 식용색소적색 제3호 식용색소적색 제40호 식용색소적색 제40호 알루미늄레이크 식용색소적색 제102호 식용색소청색 제1호 식용색소청색 제1호 알루미늄레이크 식용색소청색 제2호 식용색소청색 제2호 알루미늄레이크 식용색소황색 제4호 식용색소황색 제4호 알루미늄레이크 식용색소황색 제5호 식용색소황색 제5호 알루미늄레이크 동클로로필 동클로로필린나트륨 철클로로필린나트륨 삼이산화철 이산화티타늄 수용성안나토 카민 β-카로틴 동클로로필린칼륨 β-아포-8'-카로티날	착색료

식품 첨가물의 명칭	용도
데히드로초산나트륨 소브산 소브산칼륨 소브산칼슘 안식향산 안식향산나트륨 안식향산칼륨 안식향산칼슘 파라옥시안식향산메틸 파라옥시안식향산에틸 프로피온산 프로피온산나트륨 프로피온산칼슘	보존료
디부틸히드록시톨루엔 부틸히드록시아니졸 몰식자산프로필 에리토브산 에리토브산나트륨 아스코르빌스테아레이트 아스코르빌파르미테이트 이·디·티·에이이나트륨 이·디·티·에이칼슘이나트륨 터셔리부틸히드로퀴논	산화방지제
산성아황산나트륨 아황산나트륨 차아황산나트륨 무수아황산 메타중아황산칼륨 메타중아황산나트륨	표백용은 "표백제"로, 보존용은 "보존료"로, 산화방지제는 "산화방지제"로 한다.
차아염소산칼슘 차아염소산나트륨	살균용은 "살균제"로, 표백용은 "표백제"로 한다
아질산나트륨 질산나트륨 질산칼륨	발색용은 "발색제"로, 보존용은 "보존료"로 한다
카페인 L-글루탐산나트륨	향미증진제

[부록 3] 명칭 또는 간략명을 표시하여야 하는 식품 첨가물

식품 첨가물의 명칭	간략명
가티검	
감색소	
감초추출물	
결정셀룰로스	결정섬유소
고량색소	
과산화벤조일(희석)	
과황산암모늄	
구아검	
국	
규산마그네슘	규산Mg
규산칼슘	규산Ca
규소수지	
글루코만난	
글루코사민	
글리세린	
금박	
김색소	
나타마이신	
니신	
덱스트란	
라우린산	
락색소	
락티톨	
로진	
로커스트콩검	
루틴	
D-리보오스	리보오스
마리골드색소	
만니톨	
D-말티톨	

식품 첨가물의 명칭	간략명
말티톨시럽	
메틸셀룰로스	
메틸알콜	
메틸에틸셀룰로스	
몰식자산	
무궁화색소	
미리스트산	
미소섬유상셀룰로스	미소섬유상섬유소
백단향색소	
베리류색소	
벤토나이트	
변성전분	
변성호프추출물	
봉선화추출물	
분말셀룰로스	분말섬유소
비트레드	
사일리움씨드검	
사프란색소	
산소	
잔탄검	
D-소비톨	소비톨
D-소비톨액	소비톨액
수소	
스테비올배당체	
스테아린산	
스피룰리나색소	
시아너트색소	
시클로덱스트린	
시클로덱스트린시럽	
실리코알루민산나트륨	실리코알루민산Na
심황색소	
아라비노갈락탄	
아라비아검	

식품 첨가물의 명칭	간략명
아산화질소	
아세톤	
아조디카르본아미드	
안나토색소	
알긴산나트륨	알긴산Na
알긴산암모늄	
알긴산칼륨	알긴산K
알긴산칼슘	알긴산Ca
알긴산프로필렌글리콜	알긴산에스테르
알팔파추출색소	알팔파색소
양파색소	
에틸셀룰로스	
염소	
염화칼륨	염화K
ɤ-오리자놀	오리자놀
오징어먹물색소	
옥시스테아린	
올레인산	
이산화규소	산화규소
이산화염소	
이산화탄소	
이소말트	
이소프로필알콜	
자몽종자추출물	
자일리톨	
자주색고구마색소	
자주색옥수수색소	
자주색참마색소	
적무색소	
적양배추색소	
젤란검	
종국	

식품 첨가물의 명칭	간략명
지베렐린산	
질소	
차즈기색소	
차추출물	
차카테킨	
참깨유불검화물	참깨유추출물
초산에틸	
치자적색소	
치자청색소	
치자황색소	
카라멜색소	
카라야검	
카로틴	
카복시메틸셀룰로스나트륨	카복시메틸셀룰로스Na, 섬유소글리콘산나트륨, 섬유소글리콘산Na, CMC나트륨, CMC-Na, CMC, 셀룰로스검
카복시메틸셀룰로스칼슘	카복시메틸셀룰로스Ca, 섬유소글리콘산칼슘, 섬유소글리콘산Ca, CMC칼슘, CMC-Ca
카복시메틸스타치나트륨	카복시메틸스타치Na, 카복시메틸전분Na, 전분글리콘산나트륨, 전분글리콘산Na
카카오색소	
카프릭산	
카프릴산	
커드란	
케르세틴	
코치닐추출색소	코치닐색소
클로로필	
D-자일로오스	자일로오스
키토산	
키틴	
타라검	
타마린드검	
타마린드색소	
탈지미강추출물	

식품 첨가물의 명칭	간략명
토마토색소	
토마틴	
트라가칸스검	
파프리카추출색소	파프리카색소
파피아색소	
팔미트산	
퍼셀레란	
페로시안화나트륨	페로시안화Na
페로시안화칼륨	페로시안화K
페로시안화칼슘	페로시안화Ca
페룰린산	
펙틴	
포도과즙색소	
포도과피색소	
포도종자추출물	
폴리감마글루탐산	폴리글루탐산
폴리글리시톨시럽	폴리글루시톨
폴리덱스트로스	
ε-폴리리신	폴리리신
폴리아크릴산나트륨	폴리아크릴산Na
피칸너트색소	
헥산	
홍국색소	
홍국황색소	
홍화적색소	
홍화황색소	
효소분해사과추출물	
효소처리스테비아	
히드록시프로필메틸셀룰로스	
히드록시프로필셀룰로스	
히알루론산	

[부록 4] 명칭, 간략명 또는 주용도를 표시하여야 하는 식품 첨가물

식품 첨가물의 명칭	간략명	주용도
5'-구아닐산이나트륨	구아닐산이나트륨, 구아닐산나트륨, 구아닐산Na	영양강화제, 향미증진제
구연산		산도조절제
구연산망간	구연산Mn	영양강화제
구연산삼나트륨	구연산Na	산도조절제, 영양강화제
구연산철	구연산Fe	영양강화제
구연산철암모늄		영양강화제
구연산칼륨	구연산K	산도조절제, 영양강화제
구연산칼슘	구연산Ca	산도조절제, 영양강화제
β-글루카나아제	글루카나아제	효소제
글루코노-δ-락톤		두부응고제, 산도조절제, 팽창제
글루코아밀라아제		효소제
글루코오스산화효소		효소제
글루코오스이성화효소		효소제
글루콘산		산도조절제
글루콘산나트륨	글루콘산Na	산도조절제, 유화제, 영양강화제
글루콘산동	글루콘산Cu	영양강화제
글루콘산마그네슘	글루콘산Mg	산도조절제, 영양강화제
글루콘산망간	글루콘산Mn	영양강화제
글루콘산아연	글루콘산Zn	영양강화제
글루콘산철	글루콘산Fe	산도조절제, 영양강화제
글루콘산칼륨	글루콘산K	산도조절제, 영양강화제
글루콘산칼슘	글루콘산Ca	산도조절제, 영양강화제
글루타미나아제		효소제
L-글루타민	글루타민	영양강화제
L-글루탐산	글루탐산	향미증진제, 영양강화제
L-글루탐산암모늄	글루탐산암모늄	향미증진제
L-글루탐산칼륨	글루탐산칼륨, 글루탐산K	향미증진제
글리세로인산칼륨	글리세로인산K	영양강화제
글리세로인산칼슘	글리세로인산Ca	영양강화제
글리세린지방산에스테르	글리세린에스테르	유화제, 껌기초제
글리신		영양강화제, 향미증진제
나린진		향미증진제
니코틴산	나이아신	영양강화제
니코틴산아미드		영양강화제

식품 첨가물의 명칭	간략명	주용도
담마검		피막제, 증점제, 안정제
덱스트라나아제		효소제
디벤조일티아민		영양강화제
디벤조일티아민염산염		영양강화제
디아스타아제		효소제
라우릴황산나트륨	라우릴황산Na	유화제
L-라이신	라이신	영양강화제
L-라이신염산염	라이신염산염	영양강화제
락타아제		효소제
락토페린농축물	락토페린	영양강화제
레시틴		유화제
렌넷카제인		유화제, 증점제, 안정제
L-로이신	로이신	영양강화제
5'-리보뉴클레오티드이나트륨	5'-리보뉴클레오티드Na, 리보뉴클레오티드이나트륨, 리보뉴클레오티드Na	향미증진제, 영양강화제
5'-리보뉴클레오티드이칼슘	5'-리보뉴클레오티드Ca, 리보뉴클레오티드칼슘, 리보뉴클레오티드Ca	향미증진제, 영양강화제
리소짐		효소제
리파아제		효소제
리파아제/에스테라아제		효소제
말토게닉아밀라아제		효소제
말토트리오히드로라아제	G3생성효소	효소제
메타인산나트륨	메타인산Na	산도조절제, 팽창제
메타인산칼륨	메타인산K	산도조절제, 팽창제
DL-메티오닌		영양강화제
L-메티오닌		영양강화제
몰리브덴산암모늄		영양강화제
몰포린지방산염	몰포린	피막제
뮤신		영양강화제
밀납		피막제
L-발린	발린	영양강화제
베타글리코시다아제	글리코시다아제	효소제
베타인		향미증진제
분말비타민A	비타민A, Vit.A	영양강화제
비오틴		영양강화제
비타민B12		영양강화제
비타민B1나프탈린-1, 5-디설폰산염		영양강화제

식품 첨가물의 명칭	간략명	주용도
비타민B1나프탈린-2, 6-디설폰산염		영양강화제
비타민B1라우릴황산염		영양강화제
비타민B1로단산염	치아민로단산염, Vit.B1로단산염, Vit.B1티오시안산염	영양강화제
비타민B1염산염	치아민염산염	영양강화제
비타민B1질산염		영양강화제
비타민B1프탈린염		영양강화제
비타민B2	Vit. B2	영양강화제
비타민B2인산에스테르나트륨	비타민B2인산에스테르Na, Vit. B2인산에스테르Na, 리보플라빈인산에스테르Na	영양강화제
비타민B6염산염	Vit. B6염산염	영양강화제
비타민C	Vit. C	영양강화제, 산화방지제
비타민D2	Vit. D2	영양강화제
비타민D3	Vit. D3	영양강화제
비타민E	Vit. E	영양강화제, 산화방지제
비타민K1	Vit. K1	영양강화제
빙초산		산도조절제
DL-사과산	사과산	산도조절제, 팽창제
DL-사과산나트륨	사과산Na	산도조절제, 팽창제
산성알루미늄인산나트륨	산성알루미늄인산Na	산도조절제, 팽창제
산성피로인산나트륨	산성피로인산Na, 피로인산일나트륨, 피로인산일Na	산도조절제, 팽창제
산화마그네슘	산화Mg	영양강화제
산화아연	산화Zn	영양강화제
산화칼슘	산화Ca	산도조절제, 영양강화제
석유왁스		피막제, 껌기초제
L-세린	세린	영양강화제
세스퀴탄산나트륨	세스퀴탄산Na	산도조절제, 팽창제
셀룰라아제		효소제
소르비탄지방산에스테르	소르비탄에스테르	유화제, 껌기초제
수산화마그네슘	수산화Mg	산도조절제, 영양강화제
수산화암모늄		산도조절제
수산화칼슘	수산화Ca, 소석회	산도조절제
쉘락		피막제
스테아린산마그네슘	스테아린산Mg	영양강화제, 유화제
스테아린산칼슘	스테아린산Ca	영양강화제, 유화제
스테아릴젖산나트륨	스테아릴젖산Na	유화제
스테아릴젖산칼슘	스테아릴젖산Ca	유화제

식품 첨가물의 명칭	간략명	주용도
L-시스테인염산염	시스테인염산염	영양강화제, 밀가루개량제
L-시스틴	시스틴	영양강화제
5'-시티딜산	시티딜산, CMP	영양강화제
5'-시티딜산이나트륨	5'-시티딜산나트륨, 5'-시티딜산Na, 시티딜산이나 트륨, 시티딜산이Na, 시티딜산나트륨, 시티딜산Na	영양강화제
쌀겨왁스		피막제
5'-아데닐산	아데닐산, AMP	영양강화제
아디프산		산도조절제, 팽창제
L-아르지닌	아르지닌	영양강화제
α-아밀라아제		효소제
β-아밀라아제		효소제
아셀렌산나트륨	아셀렌산Na	영양강화제
L-아스코브산나트륨	아스코브산나트륨, 아스코브산Na, 비타민C-Na	영양강화제, 산화방지제
아스코브산칼슘	아스코브산Ca, 비타민C-Ca	영양강화제, 산화방지제
아스파라지나아제		효소제
L-아스파라진	아스파라진	영양강화제
L-아스파트산	아스파트산, 아스파라진산	영양강화제
알긴산		유화제, 증점제, 안정제
DL-알라닌		영양강화제
L-알라닌		영양강화제
알파갈락토시다아제	갈락토시다아제	효소제
에리스리톨		향미증진제, 감미료, 습윤제
에스테르검		껌기초제, 안정제
염기성알루미늄인산나트륨	염기성알루미늄인산Na	산도조절제, 유화제
염화마그네슘	염화Mg	두부응고제, 영양강화제
염화망간	염화Mn	영양강화제
염화암모늄		팽창제
염화제이철	염화철, 염화Fe	영양강화제
염화칼슘	염화Ca	두부응고제, 영양강화제
염화콜린		영양강화제
염화크롬	염화Cr	영양강화제
엽산		영양강화제
올레오레진캡시컴		향미증진제
올레인산나트륨	올레인산Na	피막제
요오드칼륨	요오드K	영양강화제
용성비타민P		영양강화제

식품 첨가물의 명칭	간략명	주용도
5'-우리딜산이나트륨	5'-우리딜산나트륨, 5'-우리딜산Na, 우리딜산이나트륨, 우리딜산이Na, 우리딜산나트륨, 우리딜산Na	영양강화제
우유응고효소		효소제
유동파라핀		피막제, 이형제
유성비타민A지방산에스테르	유성비타민A에스테르, 비타민A에스테르	영양강화제
유카추출물		유화제
이노시톨		영양강화제
5'-이노신산이나트륨	5'-이노신산나트륨, 5'-이노신산Na, 이노신산이나트륨, 이노신산Na	영양강화제, 향미증진제
이리단백		영양강화제
L-이소로이신	이소로이신	영양강화제
이초산나트륨	이초산Na	산도조절제
이타콘산		산도조절제
인베르타아제		효소제
인산		산도조절제, 영양강화제
인산철	인산Fe	영양강화제
자당지방산에스테르	자당에스테르	유화제, 껌기초제
전해철		영양강화제
젖산		산도조절제
젖산나트륨	젖산Na	산도조절제, 향미증진제, 유화제, 영양강화제
L-젖산마그네슘	L-젖산Mg, 젖산마그네슘, 젖산Mg	산도조절제
젖산철	젖산Fe	산도조절제, 영양강화제
젖산칼륨	젖산K	산도조절제, 향미증진제
젖산칼슘	젖산Ca	산도조절제, 영양강화제
제삼인산나트륨	제삼인산Na, 인산삼Na	산도조절제, 팽창제, 영양강화제
제삼인산마그네슘	제삼인산Mg, 인산삼Mg	산도조절제, 영양강화제, 팽창제
제삼인산칼륨	제삼인산K, 인산삼K	산도조절제, 팽창제, 영양강화제
제삼인산칼슘	제삼인산Ca, 인산삼Ca	산도조절제, 영양강화제, 팽창제
제이인산나트륨	제이산Na, 인산이Na	산도조절제, 팽창제, 영양강화제
제이인산마그네슘	제이인산Mg, 인산이Mg	산도조절제, 영양강화제, 팽창제
제이인산암모늄		산도조절제, 팽창제
제이인산칼륨	제이인산K, 인산이K	산도조절제, 팽창제, 영양강화제

식품 첨가물의 명칭	간략명	주용도
제이인산칼슘	제이인산Ca, 인산이Ca	산도조절제, 영양강화제, 팽창제
제일인산나트륨	제일인산Na, 인산일Na	산도조절제, 팽창제, 영양강화제
제일인산암모늄	인산일암모늄	산도조절제, 팽창제
제일인산칼륨	제일인산K, 인산일K, 산성인산칼륨, 산성인산K	산도조절제, 팽창제, 영양강화제
제일인산칼슘	제일인산Ca, 인산일Ca, 산성인산칼슘, 산성인산Ca	산도조절제, 영양강화제, 팽창제
젤라틴		유화제, 젤형성제, 안정제
조제해수염화마그네슘		두부응고제
DL-주석산		산도조절제
L-주석산		산도조절제
DL-주석산나트륨	DL-주석산Na	산도조절제
L-주석산나트륨	L-주석산Na	산도조절제, 영양강화제
DL-주석산수소칼륨	DL-주석산수소K, DL-중주석산칼륨, DL-중주석산K	산도조절제, 팽창제
L-주석산수소칼륨	L-주석산수소K, L-중주석산칼륨, L-중주석산K	산도조절제, 팽창제
주석산수소콜린	중주석산콜린	영양강화제
주석산칼륨나트륨	주석산K·Na	산도조절제
검레진		껌기초제
초산		산도조절제
초산나트륨	초산Na	산도조절제
초산비닐수지		껌기초제, 피막제
초산칼슘	초산Ca	산도조절제
카나우바왁스		피막제
카라기난		유화제
L-카르니틴	카르니틴	영양강화제
카제인		유화제, 증점제, 안정제
카제인나트륨	카제인Na	유화제, 증점제, 안정제
카탈라아제		효소제
칸델릴라왁스		유화제, 피막제
퀼라야추출물		유화제
키토사나아제		효소제
타우린		영양강화제
탄나아제		효소제
탄닌산		향미증진제
탄산나트륨	탄산Na, 소오다회	산도조절제, 팽창제, 영양강화제

식품 첨가물의 명칭	간략명	주용도
탄산마그네슘	탄산Mg	산도조절제, 영양강화제, 팽창제
탄산수소나트륨	탄산수소Na, 중탄산Na	산도조절제, 팽창제, 영양강화제
탄산수소암모늄		산도조절제, 팽창제
탄산수소칼륨	탄산수소K, 중탄산칼륨, 중탄산K	산도조절제, 팽창제, 영양강화제
탄산암모늄		산도조절제, 팽창제
탄산칼륨(무수)	탄산칼륨, 탄산K	산도조절제, 팽창제
탄산칼슘	탄산Ca	산도조절제, 팽창제, 영양강화제, 껌기초제
테아닌		영양강화제
탤크		껌기초제, 여과보조제, 표면처리제
d-α-토코페롤	토코페롤	영양강화제, 산화방지제
d-토코페롤(혼합형)	토코페롤(혼합형)	영양강화제, 산화방지제
dl-α-토코페릴아세테이트	초산토코페롤, 초산비타민E, 초산Vit. E	영양강화제, 산화방지제
d-α-토코페릴아세테이트	초산토코페롤, 초산비타민E, 초산Vit. E	영양강화제, 산화방지제
d-α-토코페릴호박산	호박산토코페롤, 호박산비타민E, 호박산Vit. E	영양강화제, 산화방지제
2트랜스글루코시다아제		효소제
트랜스글루타미나아제		효소제
DL-트레오닌		영양강화제
L-트레오닌		영양강화제
트리아세틴		유화제, 껌기초제
트립신		효소제
DL-트립토판		영양강화제
L-트립토판		영양강화제
L-티로신	티로신	영양강화제
판크레아틴		효소제
판토텐산나트륨	판토텐산Na	영양강화제
판토텐산칼슘	판토텐산Ca	영양강화제
DL-페닐알라닌		영양강화제
L-페닐알라닌		영양강화제
펙티나아제		효소제
펙틴		증점제, 안정제
펩신		효소제
포스포리파아제 A2		효소제
폴리부텐		껌기초제
폴리비닐피로리돈		피막제
폴리소르베이트20		유화제

식품 첨가물의 명칭	간략명	주용도
폴리소르베이트60		유화제
폴리소르베이트65		유화제
폴리소르베이트80		유화제
폴리이소부틸렌		껌기초제
폴리인산나트륨	폴리인산Na	산도조절제, 팽창제
폴리인산칼륨	폴리인산K	산도조절제, 팽창제
푸마르산		산도조절제
푸마르산일나트륨	푸마르산나트륨, 푸마르산Na	산도조절제
푸마르산제일철	푸마르산철, 푸마르산Fe	영양강화제
풀루라나아제		효소제
풀루란		피막제
프로테아제(곰팡이성: HUT)	프로테아제	효소제
프로테아제(곰팡이성: SAP)	프로테아제	효소제
프로테아제(세균성)	프로테아제	효소제
프로테아제(식물성)	프로테아제	효소제
프로필렌글리콜		유화제, 습윤제, 안정제
프로필렌글리콜지방산에스테르	프로필렌글리콜에스테르	유화제
L-프롤린	프롤린	영양강화제
피로인산나트륨	피로인산Na, 피로인산사Na	산도조절제, 팽창제
피로인산제이철	피로인산철, 피로인산Fe	영양강화제
피로인산철나트륨	피로인산철Na, 피로인산Fe·Na	영양강화제
피로인산칼륨	피로인산K	산도조절제, 팽창제
피마자유		피막제, 이형제
피틴산		산도조절제
향신료 올레오레진류		향미증진제
헤미셀룰라아제		효소제
헤스페리딘		영양강화제
헴철		영양강화제
호박산		산도조절제, 향미증진제
호박산이나트륨	호박산나트륨, 호박산Na	산도조절제, 향미증진제
환원철		영양강화제
황산나트륨	황산Na	산도조절제, 영양강화제
황산동	황산Cu	영양강화제, 제조용제
황산마그네슘	황산Mg	두부응고제, 영양강화제
황산망간	황산Mn	영양강화제
황산아연	황산Zn	영양강화제, 제조용제
황산알루미늄암모늄		팽창제
황산알루미늄칼륨	황산알루미늄K, 황산Al·K, 칼륨명반	산도조절제, 팽창제
황산암모늄		팽창제

식품 첨가물의 명칭	간략명	주용도
황산제일철	황산철, 황산Fe	영양강화제
황산칼륨	황산K	산도조절제
황산칼슘	황산Ca	두부응고제, 산도조절제, 영양강화제
효모		팽창제
효모추출물		향미증진제
효소분해레시틴		유화제
효소처리루틴		산화방지제
효소처리헤스페리딘		영양강화제
L-히스티딘	히스티딘	영양강화제
L-히스티딘염산염	히스티딘염산염	영양강화제
엑소말토테트라히드로라아제		효소제

제2장

식품 등의 부당한 표시 또는 광고

부당한 표시 또는 광고의 내용

본 절에서는 부당한 표시 또는 광고의 내용을 식품표시광고법 시행령 [별표 1][78]을 근거로 확인해 본다. 다음에 해당되는 사항들은 부당한 표시 또는 광고의 내용에 해당된다.

1. 질병 예방과 치료에 대한 효능

질병의 예방·치료에 효능이 있는 것으로 인식 우려의 표시·광고

① 질병 또는 질병군(疾病群)의 발생을 예방한다는 내용의 표시·광고. 다만, 다음의 어느 하나에 해당하는 경우는 제외

---

[78] 부당한 표시 또는 광고의 내용(시행령 제3조 제1항 관련)

- 특수 의료 용도 식품[79]에 섭취 대상자의 질병명 및 "영양 조절"을 위한 식품임을 표시·광고하는 경우

- 건강 기능 식품에 기능성을 인정받은 사항을 표시·광고하는 경우

② 질병 또는 질병군에 치료 효과가 있다는 내용의 표시·광고

③ 질병의 특징적인 징후 또는 증상에 예방·치료 효과가 있다는 내용의 표시·광고

④ 질병 및 그 징후 또는 증상과 관련된 제품명, 학술 자료, 사진 등(질병 정보)을 활용하여 질병과의 연관성을 암시하는 표시·광고. 다만, 건강 기능 식품의 경우 다음의 어느 하나에 해당하는 표시·광고는 제외

- 「건강기능식품에 관한 법률」 제15조에 따라 식약처장이 고시하거나 안전성 및 기능성을 인정한 건강 기능 식품의 원료 또는 성분으로서 질병의 발생 위험을 감소시키는 데 도움이 된다는 내용의 표시·광고

- 질병 정보를 제품의 기능성 표시·광고와 명확하게 구분하고, "해당 질병정보는 제품과 직접적인 관련이 없습니다."라는 표현을 병기한 표시·광고

2. 식품 등을 의약품으로 인식

식품 등을 의약품으로 인식할 우려가 있는 표시·광고

---

① 의약품에만 사용되는 명칭(한약의 처방명을 포함)을 사용하는 표시·광고

---

79) 특수 의료 용도 식품이라 함은 정상적으로 섭취, 소화, 흡수 또는 대사할 수 있는 능력이 제한되거나 질병, 수술 등의 임상적 상태로 인하여 일반인과 생리적으로 특별히 다른 영양 요구량을 가지고 있어 충분한 영양 공급이 필요하거나 일부 영양성분의 제한 또는 보충이 필요한 사람에게 식사의 일부 또는 전부를 대신할 목적으로 경구 또는 경관급식을 통하여 공급할 수 있도록 제조·가공된 식품을 말한다. 식품공전 제5. 식품별 기준 및 규격. 11. 특수 의료 용도 식품

② 의약품에 포함된다는 내용의 표시·광고

③ 의약품을 대체할 수 있다는 내용의 표시·광고

④ 의약품의 효능 또는 질병 치료의 효과를 증대시킨다는 내용의 표시·광고

3. 건강 기능 식품이 아닌 것을 건강 기능 식품으로 인식

건강 기능 식품이 아닌 것을 건강 기능 식품으로 인식 우려가 있는 표시·광고

「건강기능식품에 관한 법률」 제3조 제2호에 따른 기능성이 있는 것으로 표현하는 표시·광고. 다만, 다음 각 목의 어느 하나에 해당하는 표시·광고는 제외.

① 「건강기능식품에 관한 법률」 제14조에 따른 건강 기능 식품의 기준 및 규격에서 정한 영양 성분의 기능 및 함량을 나타내는 표시·광고

② 제품에 함유된 영양 성분이나 원재료가 신체 조직과 기능의 증진에 도움을 줄 수 있다는 내용으로서 식품의약품안전처장이 정하여 고시하는 내용의 표시·광고

③ 특수 영양 식품[80] 및 특수 의료 용도 식품으로 임산부·수유부·노약자, 질병 후 회복 중인 사람 또는 환자의 영양 보급 등에 도움을 준다는 내용의 표시·광고

④ 해당 제품이 발육기, 성장기, 임신 수유기, 갱년기 등에 있는 사람의 영양 보급을 목적으로 개발된 제품이라는 내용의 표시·광고

---

80) 영아·유아, 비만자 또는 임산부·수유부 등 특별한 영양 관리가 필요한 대상을 위하여 식품과 영양 성분을 배합하는 등의 방법으로 제조·가공한 식품을 말한다.

4. 거짓·과장된 표시 또는 광고

거짓·과장된 표시·광고

---

① 다음의 어느 하나에 따라 허가받거나 등록·신고 또는 보고한 사항과 다르게 표현하는 표

시·광고

- 「식품위생법」 제37조

- 「건강기능식품에 관한 법률」 제5조부터 제7조까지

- 축산물 위생관리법」 제22조, 제24조 및 제25조

- 「수입식품안전관리 특별법」 제5조, 제15조 및 제20조

② 건강 기능 식품의 경우 식약처장이 인정하지 않은 기능성을 나타내는 내용의 표시·광고

질병 또는 질병군에 치료 효과가 있다는 내용의 표시·광고

③ 제2조[81] 각 호의 사항을 표시·광고할 때 사실과 다른 내용으로 표현하는 표시·광고

④ 제2조 각 호의 사항을 표시·광고할 때 신체의 일부 또는 신체 조직의 기능·작용·효

---

[81] 식품표시광고법 시행령 제2조
제2조(부당한 표시 또는 광고행 위의 금지 대상) 「식품 등의 표시·광고에 관한 법률」(이하 "법"이라 한다) 제8조 제1항 각 호 외의 부분에서 "식품 등의 명칭·제조 방법·성분 등 대통령령으로 정하는 사항"이란 다음 각 호의 사항을 말한다. 〈개정 2022. 6. 7.〉
1. 식품, 식품 첨가물, 기구, 용기·포장, 건강 기능 식품, 축산물(이하 "식품 등"이라 한다)의 명칭, 영업소 명칭, 종류, 원재료, 성분(영양 성분을 포함한다), 내용량, 제조 방법(축산물을 생산하기 위한 해당 가축의 사육 방식을 포함한다), 등급, 품질 및 사용 정보에 관한 사항
2. 식품등의 제조 연월일, 생산 연월일, 소비기한, 품질 유지 기한 및 산란일에 관한 사항
3. 「식품 위생법」 제12조의2에 따른 유전자 변형 식품 등의 표시 또는 「건강 기능 식품에 관한 법률」 제17조의2에 따른 유전자 변형 건강 기능 식품의 표시에 관한 사항
4. 다음 각 목의 이력 추적 관리에 관한 사항
   가. 「식품 위생법」 제2조 제13호에 따른 식품 이력 추적 관리
   나. 「건강 기능 식품에 관한 법률」 제3조 제6호에 따른 건강 기능 식품 이력 추적 관리
   다. 「축산물 위생 관리법」 제2조 제13호에 따른 축산물 가공품 이력 추적 관리
5. 축산물의 인증과 관련된 다음 각 목의 사항
   가. 「축산물 위생 관리법」 제9조 제2항 본문에 따른 자체 안전 관리 인증 기준에 관한 사항
   나. 「축산물 위생 관리법」 제9조 제3항에 따른 안전 관리 인증 작업장·안전 관리 인증 업소 또는 안전 관리 인증 농장의 인증에 관한 사항
   다. 「축산물 위생 관리법」 제9조 제4항 전단에 따른 안전 관리 통합 인증 업체의 인증에 관한 사항

과·효능에 관하여 표현하는 표시·광고

⑤ 정부 또는 관련 공인 기관의 수상(受賞)·인증·보증·선정·특허와 관련하여 사실과 다른
내용으로 표현하는 표시·광고

5. 소비자 기만 표시 또는 광고

소비자 기만 표시·광고

---

① 식품학·영양학·축산 가공학·수의 공중 보건학 등의 분야에서 공인되지 않은 제조 방법에 관한 연구나 발견한 사실을 인용하거나 명시하는 표시·광고. 다만, 식품학 등 해당 분야의 문헌을 인용하여 내용을 정확히 표시하고, 연구자의 성명, 문헌명, 발표 연월일을 명시하는 표시·광고는 제외

② 가축이 먹는 사료나 물에 첨가한 성분의 효능·효과 또는 식품 등을 가공할 때 사용한 원재료나 성분의 효능·효과를 해당 식품등의 효능·효과로 오인 또는 혼동하게 할 우려가 있는 표시·광고

③ 각종 감사장 또는 체험기 등을 이용하거나 "한방(韓方)", "특수제법", "주문 쇄도", "단체 추천" 또는 이와 유사한 표현으로 소비자를 현혹하는 표시·광고

④ 의사, 치과 의사, 한의사, 수의사, 약사, 한약사, 대학 교수 또는 그 밖의 사람이 제품의 기능성을 보증하거나, 제품을 지정·공인·추천·지도 또는 사용하고 있다는 내용의 표시·광고. 다만, 의사 등이 해당 제품의 연구·개발에 직접 참여한 사실만을 나타내는 표시·광고는 제외

⑤ 외국어의 남용 등으로 인하여 외국 제품 또는 외국과 기술 제휴한 것으로 혼동하게 할 우려가 있는 내용의 표시·광고

⑥ 조제유류(調製乳類)[82]의 용기 또는 포장에 유아·여성의 사진 또는 그림 등을 사용한 표시·광고

⑦ 조제유류가 모유와 같거나 모유보다 좋은 것으로 소비자를 오인 또는 혼동하게 할 수 있

---

82) 조제유류라 함은 원유 또는 유가공품을 주원료로 하고 이에 영·유아의 성장 발육에 필요한 무기질, 비타민 등 영양성분을 첨가하여 모유의 성분과 유사하게 가공한 것을 말한다. 식품공전 제5. 식품별 기준 및 규격. 10. 특수영양식품 10-1 조제유류 1) 정의

는 표시·광고

⑧「건강기능식품에 관한 법률」제15조 제2항 본문에 따라 식품의약품안전처장이 인정한 사항의 일부 내용을 삭제하거나 변경하여 표현함으로써 해당 건강 기능 식품의 기능 또는 효과에 대하여 소비자를 오인하게 하거나 기만하는 표시·광고

⑨「건강기능식품에 관한 법률」제15조 제2항 단서에 따라 기능성이 인정되지 않는 사항에 대하여 기능성이 인정되는 것처럼 표현하는 표시·광고

⑩ 이온수, 생명수, 약수 등 과학적 근거가 없는 추상적인 용어로 표현하는 표시·광고

⑪ 해당 제품에 사용이 금지된 식품 첨가물이 함유되지 않았다는 내용을 강조함으로써 소비자로 하여금 해당 제품만 금지된 식품 첨가물이 함유되지 않은 것으로 오인하게 할 수 있는 표시·광고

6. 다른 업체나 다른 업체의 제품을 비방의 표시·광고

다른 업체나 다른 업체의 제품을 비방하는 표시·광고

비교하는 표현을 사용하여 다른 업체의 제품을 간접적으로 비방하거나 다른 업체의 제품보다 우수한 것으로 인식될 수 있는 표시·광고

7. 객관적인 근거 없이 부당한 비교 표시 또는 광고

객관적인 근거 없이 부당하게 비교하는 표시·광고

객관적인 근거 없이 자기 또는 자기의 식품 등을 다른 영업자나 다른 영업자의 식품 등과 부당하게 비교하는 표시·광고

① 비교 표시·광고의 경우 그 비교 대상 및 비교 기준이 명확하지 않거나 비교 내용 및 비교 방법이 적정하지 않은 내용의 표시·광고

② 제품의 제조 방법·품질·영양가·원재료·성분 또는 효과와 직접적인 관련이 적은 내용이나 사용하지 않은 성분을 강조함으로써 다른 업소의 제품을 간접적으로 다르게 인식하게 하는 내용의 표시·광고

8. 사행심 조장, 음란한 표현의 표시 또는 광고

객관적인 근거 없이 부당하게 비교하는 표시·광고

사행심을 조장하거나 음란한 표현을 사용하여 공중도덕이나 사회윤리를 현저하게 침해하는 표시 또는 광고

① 판매 사례품이나 경품의 제공 등 사행심을 조장하는 내용의 표시·광고(「독점규제 및 공정거래에 관한 법률」에 따라 허용되는 경우는 제외)

② 미풍양속을 해치거나 해칠 우려가 있는 저속한 도안, 사진 또는 음향 등을 사용하는 표시·광고

예제 1 건강 기능 식품 "OO 케어"는 특정한 기능성을 인정받아 그 내용을 표시, 광고하였다. (O)

▶ 건강 기능 식품에 기능성을 인정받은 사항을 표시·광고하는 경우는 허용된다.
　질병의 예방·치료에 효능이 있는 것으로 인식할 우려가 있는 표시 또는 광고는 부당한 표시 또는 광고에 해당된다. 다만, 건강 기능 식품의 기능성을 인정받은 사항을 표시·광고하는 경우는 제외한다. 제외되는 경우는 아래와 같다.
　1) 특수 의료 용도 식품(정상적으로 섭취, 소화, 흡수 또는 대사할 수 있는 능력이 제한되거나 질병 또는 수술 등의 임상적 상태로 인하여 일반인과 생리적으로 특별히 다른 영양 요구량을 가지고 있어, 충분한 영양 공급이 필요하거나 일부 영양 성분의 제한 또는 보충이 필요한 사람에게 식사의 일부 또는 전부를 대신할 목적으로 직접 또는 튜브를 통해 입으로 공급할 수 있도록 제조·가공한 식품을 말한다. 이하 같다.)에 섭취 대상자의 질병명 및 "영양 조절"을 위한 식품임을 표시·광고하는 경우
　2) 건강 기능 식품에 기능성을 인정받은 사항을 표시·광고하는 경우
　(식품 등의 표시·광고에 관한 법률 시행령 [별표 1] 부당한 표시 또는 광고의 내용.1.가)

예제 2 건강 기능 식품 "OO 라이프"는 식약처장이 고시하였고, 또한 안전성과 기능성이 인정된 건강 기능 식품의 성분이 질병 발생 위험을 감소시키는 데 도움이 된다는 내용의 표시·광고를 하였다. (O)

▶ 질병 및 그 징후 또는 증상과 관련된 제품명, 학술 자료, 사진 등(이하 이 목에서 "질병 정보"라 한다.)을 활용하여 질병과의 연관성을 암시하는 표시·광고는 부당한 표시 또는 광고에 해당된다. 다만, 건강 기능 식품의 경우 다음의 어느 하나에 해당하는 표시·광고는 제외한다.
   1) 「건강기능식품에 관한 법률」 제15조에 따라 식품의약품안전처장이 고시하거나 안전성 및 기능성을 인정한 건강 기능 식품의 원료 또는 성분으로서 질병의 발생 위험을 감소시키는 데 도움이 된다는 내용의 표시·광고
   2) 질병 정보를 제품의 기능성 표시·광고와 명확하게 구분하고, "해당 질병 정보는 제품과 직접적인 관련이 없습니다."라는 표현을 병기한 표시·광고
   (식품 등의 표시·광고에 관한 법률 시행령 [별표 1] 부당한 표시 또는 광고의 내용.1.라)

예제 3 100% 사과만을 슬라이스 하여 진공 프라이 한 과자 "OO 애플칩"은 제품 포장면에 "사과는 배변 기능에 도움을 주며 다이어트에도 도움이 된다."라는 표시를 하였다. (X)

▶ 식품 등을 의약품으로 인식할 우려가 있는 다음 각 목의 표시 또는 광고는 부당한 표시 또는 광고에 해당된다.
   가. 의약품에만 사용되는 명칭(한약의 처방명을 포함한다)을 사용하는 표시·광고
   나. 의약품에 포함된다는 내용의 표시·광고
   다. 의약품을 대체할 수 있다는 내용의 표시·광고
   라. 의약품의 효능 또는 질병 치료의 효과를 증대시킨다는 내용의 표시·광고
   (식품 등의 표시·광고에 관한 법률 시행령 [별표 1] 부당한 표시 또는 광고의 내용.2)

예제 4 동식물성 단백질 함량을 높여 제조한 "OO바" 제품은 포장면에 "운동 전후 단백질 보충"이라는 내용의 표시를 하였다. (O)

▶ 해당 제품이 영양 보급을 목적으로 개발된 제품이라는 내용의 표시·광고는 허용된다.

건강 기능 식품이 아닌 것을 건강 기능 식품으로 인식할 우려가 있는 표시 또는 광고는 부당한 표시 또는 광고에 해당: 「건강기능식품에 관한 법률」 제3조 제2호에 따른 기능성이 있는 것으로 표현하는 표시·광고. 다만, 다음 각 목의 어느 하나에 해당하는 표시·광고는 제외한다.

가. 「건강기능식품에 관한 법률」 제14조에 따른 건강 기능 식품의 기준 및 규격에서 정한 영양 성분의 기능 및 함량을 나타내는 표시·광고

나. 제품에 함유된 영양 성분이나 원재료가 신체 조직과 기능의 증진에 도움을 줄 수 있다는 내용으로서 식품의약품안전처장이 정하여 고시하는 내용의 표시·광고

다. 특수 영양 식품(영아·유아, 비만자 또는 임산부·수유부 등 특별한 영양 관리가 필요한 대상을 위하여 식품과 영양 성분을 배합하는 등의 방법으로 제조·가공한 식품을 말한다) 및 특수 의료 용도 식품으로 임산부·수유부·노약자, 질병 후 회복 중인 사람 또는 환자의 영양 보급 등에 도움을 준다는 내용의 표시·광고

라. 해당 제품이 발육기, 성장기, 임신 수유기, 갱년기 등에 있는 사람의 영양 보급을 목적으로 개발된 제품이라는 내용의 표시·광고

(식품 등의 표시·광고에 관한 법률 시행령 [별표 1] 부당한 표시 또는 광고의 내용.3)

예제 5 "OO 축산"은 인삼 등 각종 한방 재료를 함유한 사료로 사육한 닭에서 생산한 계란을 "면역력 강화 인삼 계란"이라는 표시를 하였다. (X)

▶ 가축이 먹는 사료나 물에 첨가한 성분의 효능·효과 또는 식품 등을 가공할 때 사용한 원재료나 성분의 효능·효과를 해당 식품 등의 효능·효과로 오인 또는 혼동하게 할 우려가 있는 표시·광고를 해서는 안 된다.

(식품 등의 표시·광고에 관한 법률 시행령 [별표 1] 부당한 표시 또는 광고의 내용.5.나)

예제 6 "OO 제과"의 "△△ 쿠키"는 향후 수출 시장 등을 고려하여 주표시면에 제품명, 내용량, 정보표시면의 원재료명 등을 영어를 병기 하면서 글자 크기를 한글보다 크게 하였다. (X)

▶ 외국어의 남용 등으로 인하여 외국 제품 또는 외국과 기술 제휴한 것으로 혼동하게 할 우려가 있는 내용의 표시·광고를 해서는 안 된다.

(식품 등의 표시·광고에 관한 법률 시행령 [별표 1] 부당한 표시 또는 광고의 내용.5.마)

한글로 표시하는 것을 원칙으로 하되, 한자나 외국어를 병기하거나 혼용하여 표시할 수 있으며, 한자나 외국어의 글씨 크기는 한글의 글씨 크기와 같거나 한글의 글씨 크기보다 작게 표시해야 한다.

(식품 등의 표시·광고에 관한 법률 시행 규칙 [별표 3] 식품 등의 표시 방법.2)

예제 7 특수 영양 식품인 조제유류를 제조하는 OO 주식회사는 조제유 제품의 포장면에 유아와 여성의 사진을 사용하였다. (X)

▶ 조제유류(調製乳類)의 용기 또는 포장에 유아·여성의 사진 또는 그림 등을 사용한 표시·광고를 해서는 안 된다.

(식품 등의 표시·광고에 관한 법률 시행령 [별표 1] 부당한 표시 또는 광고의 내용.5.바)

예제 8 "가나다 식품"은 기타 가공품에 해당하는 일반 식품을 제조하여 약국에서도 판매하고 있으며, 약국에서 판매하는 제품은 별도로 "약국 판매용"으로 표시하였다. (X)

▶ 일반 식품에 "약국 판매용" 등의 표현은 해당 제품을 의약품으로 오인·혼동시킬 수 있는 표현으로 표시하여서는 안 된다.

(식품안전나라 식품 표시·광고 FAQ 357번) / (식품 등의 표시·광고에 관한 법률 제8조)

부당한 표시 또는 광고로 보지 아니하는 식품 등의 기능성 표시 또는 광고에 관한 규정

본 절에서는 식품표시광고법 고시 「부당한 표시 또는 광고로 보지 아니하는 식품 등의 기능성 표시 또는 광고에 관한 규정」[83]을 확인해 본다. 이 고시는 「식품 등의 표시·광고에 관한 법률」 제8조 및 같은 법 시행령 제3조 제1항 별표 1 제3호나목[84]에 따라 제품에 함유된 영양 성분이나 원재료가 신체 조직과 기능의 증진에 도움을 줄 수 있다는 내용(기능성)으로써 부당한 표시 또는 광고로 보지 아니하는 표시·광고의 범위 및 요건을 정하여 부당한 표시 또는 광고로부터 소비자 보호에 이바지함을 목적(제1조)으로 하며, 기능성을 표시 또는 광고하려는 식품 등에 적용된다.

---

83) [시행 2023. 1. 1.] [식품의약품안전처고시 제2022-25호, 2022. 3. 31., 타 법 개정.]
84) 제품에 함유된 영양 성분이나 원재료가 신체 조직과 기능의 증진에 도움을 줄 수 있다는 내용으로서 식품의약품안전처장이 정하여 고시하는 내용의 표시·광고

1. 적용에서 제외되는 식품 등

기능성을 표시 또는 광고하려는 식품 등에서 제외되는 식품 등

---

① 「식품의 기준 및 규격」에서 정한 주류 및 특수 의료 용도 등 식품

② [별표 1][85]의 영양 성분 함량 기준에 적합하지 않은 식품 등

③ 36개월 이하 영유아를 섭취 대상으로 하는 식품 등 및 "어린이", "아동" 또는 이와 유사한
표현이나 이미지를 사용하여 「아동복지법」 제3조 제1호에 따른 아동이 섭취하는 것으로
표시 또는 광고한 식품 등. 다만, 「어린이 식생활안전관리 특별법」 제14조 제1항에 따라 품
질 인증을 받은 어린이 기호 식품은 제외

④ 임산부 또는 수유 중인 여성을 대상으로 한 식품 등(임신 계획용 표방 식품 등 포함)

⑤ 다음 어느 하나에 해당하는 형태의 식품 등

- 정제

- 캡슐

- 과립 또는 분말(이 경우 바로 섭취하는 스틱, 포 형태에 한함)

- 액상(이 경우 스프레이형·앰플형 및 이와 유사한 형태, 인삼·홍삼에 대한 기능성을 나타낸 농축
  액·100mL 이하 파우치 형태에 한함)

---

85) 기능성 표시 식품 등의 영양 성분 함량 기준

[별표 1] 기능성 표시 식품등의 영양 성분 함량 기준(제3조 제2항 제2호 관련)

1. 공통 기준

가. 식품 유형별로 각 영양 성분의 함량 기준에 적합하여야 한다.

나. 식품별 영양 성분 함량 기준은 「식품 등의 표시 기준」에 따른 해당 식품의 1회 섭
   취 참고량을 기준 단위로 한다. 다만, 1회 섭취 참고량이 30g 이하이면 50g(mL)으
   로 하고, 1회 섭취 참고량이 없는 경우와 식용 유지류 중 트랜스 지방의 경우는
   100g(mL)으로 한다.

구분\n\n영양\n성분	「식품의 기준 및 규격」에 따른 식품 유형							
	①\n일반식품	②\n농축\n과채즙,\n과채주스	③\n김치류,\n장류	④\n식용유지류	⑤\n소스,\n마요네즈	⑥\n우유,\n가공유	⑦\n치즈	⑧\n초콜릿
총 지방	10.0g\n이하	10.0g\n이하	10.0g\n이하	-	-	10.0g\n이하	15.0g\n이하	-
포화 지방	3.0g\n이하	3.0g\n이하	3.0g\n이하	20.0g\n이하	3.0g\n이하	5.0g\n이하	10.0g\n이하	-
트랜스 지방	0.2g\n이하	0.2g\n이하	0.2g\n이하	2.0g\n이하	0.2g\n이하	0.5g\n이하	0.8g\n이하	0.2g\n이하
당류	20.0g\n이하	26.0g\n이하	20.0g\n이하	20.0g\n이하	20.0g\n이하	20.0g\n이하	20.0g\n이하	20.0g\n이하
나트륨	400.0mg\n이하	400.0mg\n이하	-	400.0mg\n이하	400.0mg\n이하	400.0mg\n이하	400.0mg\n이하	400.0mg\n이하

주) ① 일반 식품: 「식품의 기준 및 규격」으로 관리하고 있는 가공 식품 중 ②~⑧을 제외한 가공 식품

2. 개별 기준

가. 원재료 또는 성분별 기능성을 표시 또는 광고하려는 식품 등은 다음의 영양 성분
   '저' 표시 기준에 충족하여야 한다. 이 경우 '저' 표시 기준은 「식품 등의 표시 기준」
   영양 성분 함량 강조 표시 기준에 적합하여야 한다.

연번	기능성 원재료 또는 성분	기능성	영양 성분 개별 기준
1	인삼	면역력 증진·피로·뼈건강 개선에 도움을 줄 수 있음	-
2	홍삼	면역력 증진·피로 개선·항산화·갱년기 여성의 건강에 도움을 줄 수 있음	-
		혈소판 응집 억제를 통한 혈액 흐름에 도움을 줄 수 있음	저 포화 지방, 저 트랜스 지방
3	클로렐라	피부 건강·항산화·면역력 증진에 도움을 줄 수 있음	-
		혈중 콜레스테롤 개선에 도움을 줄 수 있음	저 포화 지방, 저 트랜스 지방
4	스피루리나	피부 건강·항산화에 도움을 줄 수 있음	-
		혈중 콜레스테롤 개선에 도움을 줄 수 있음	저 포화 지방, 저 트랜스 지방
5	프로폴리스 추출물	항산화·구강에서의 항균 작용에 도움을 줄 수 있음 ※ 구강 항균 작용은 구강에 직접 접촉할 수 있는 형태에 한하며, 섭취량을 적용하지 않음	저 당류
6	구아바잎 추출물	식후 혈당상승 억제에 도움을 줄 수 있음	저 당류
7	바나바잎 추출물	식후 혈당 상승 억제에 도움을 줄 수 있음	저 당류
8	EPA 및 DHA 함유 유지	혈중 중성 지질 개선·혈행 개선에 도움을 줄 수 있음	저 포화 지방, 저 트랜스 지방
		건조한 눈을 개선하여 눈 건강에 도움을 줄 수 있음	-
9	매실 추출물	피로 개선에 도움을 줄 수 있음	-
10	구아검/ 구아검가수분해물	혈중 콜레스테롤 개선에 도움을 줄 수 있음	저 포화 지방, 저 트랜스 지방
		식후 혈당 상승 억제에 도움을 줄 수 있음	저 당류
		장내 유익균 증식·배변 활동 원활에 도움을 줄 수 있음	-
11	난소화성말토 덱스트린	식후 혈당상승 억제에 도움을 줄 수 있음	저 당류
		혈중 중성 지질 개선에 도움을 줄 수 있음	저 포화 지방, 저 트랜스 지방
		배변 활동 원활에 도움을 줄 수 있음	-
12	대두식이섬유	혈중 콜레스테롤 개선에 도움을 줄 수 있음	저 포화 지방, 저 트랜스 지방
		식후 혈당 상승 억제에 도움을 줄 수 있음	저 당류
		배변 활동 원활에 도움을 줄 수 있음	-
13	목이버섯 식이섬유	배변 활동 원활에 도움을 줄 수 있음	-

연번	기능성 원재료 또는 성분	기능성	영양 성분 개별 기준
14	밀식이섬유	식후 혈당 상승 억제에 도움을 줄 수 있음	저 당류
		배변 활동 원활에 도움을 줄 수 있음	-
15	보리식이섬유	배변 활동 원활에 도움을 줄 수 있음	-
16	옥수수겨 식이섬유	혈중 콜레스테롤 개선에 도움을 줄 수 있음	저 포화 지방, 저 트랜스 지방
		식후 혈당 상승 억제에 도움을 줄 수 있음	저 당류
17	이눌린/ 치커리추출물	혈중 콜레스테롤 개선에 도움을 줄 수 있음	저 포화 지방, 저 트랜스 지방
		식후 혈당 상승 억제에 도움을 줄 수 있음	저 당류
		배변 활동 원활에 도움을 줄 수 있음	-
18	차전자피 식이섬유	혈중 콜레스테롤 개선에 도움을 줄 수 있음	저 포화 지방, 저 트랜스 지방
		배변 활동 원활에 도움을 줄 수 있음	-
19	호로파종자 식이섬유	식후 혈당 상승 억제에 도움을 줄 수 있음	저 당류
20	알로에 겔	피부건강·장건강·면역력 증진에 도움을 줄 수 있음	-
21	프락토올리고당	장내 유익균 증식 및 배변 활동 원활에 도움을 줄 수 있음	-
22	프로바이오틱스	유산균 증식 및 유해균 억제·배변활동 원활·장건강에 도움을 줄 수 있음	-
23	홍국	혈중 콜레스테롤 개선에 도움을 줄 수 있음	저 포화 지방, 저 트랜스 지방
24	대두단백	혈중 콜레스테롤 개선에 도움을 줄 수 있음	저 포화 지방, 저 트랜스 지방
25	폴리감마 글루탐산	체내 칼슘 흡수 촉진에 도움을 줄 수 있음	-
26	마늘	혈중 콜레스테롤 개선에 도움을 줄 수 있음	저 포화 지방, 저 트랜스 지방
27	라피노스	장내 유익균의 증식과 유해균의 억제 도움을 줄 수 있음 배변 활동을 원활히 하는 데 도움을 줄 수 있음	-
28	분말한천	배변 활동에 도움을 줄 수 있음	-
29	유단백 가수분해물	스트레스로 인한 긴장 완화에 도움을 줄 수 있음	-

2. 기능성의 범위

기능성의 범위

① 「건강기능식품의 기준 및 규격」에서 기능성 원료[86]로 정해진 것 중 [별표 2] 제1호[87]에 해당하는 기능성

② 「건강기능식품 기능성 원료 및 기준·규격 인정에 관한 규정」 제10조 제1항에 따라 인정받은 기능성 원료의 제조자 또는 수입자가 별지 서식의 기능성을 나타내는 원재료의 일반식품 사용 신청서로 식약처장에게 신청하여 [별표 2] 제2호의 의사 결정도에 따라 인정받은 원재료의 기능성

③ 「식품 등의 표시 또는 광고 실증에 관한 규정」 제4조 제3호 중 인체 적용 시험 또는 인체 적용 시험 결과에 대한 정성적 문헌 고찰(체계적 고찰, SR: Systematic Review)을 통해 과학적 자료를 갖춘 다음 각 목에 해당하는 기능성

- 특정 영양 성분의 대체, 제거 또는 감소로 인한 기능성
- 숙취 해소와 관련된 기능성
- 과립 또는 분말(이 경우 바로 섭취하는 스틱, 포 형태에 한함)
- 「식품의 기준 및 규격」에 따른 발효유류[88]에 대한 장 건강·위 건강 기능성

---

86) 「건강기능식품의 기준 및 규격」 제3. 2.기능성 원료
87) 기능성 원재료 또는 성분별 기능성 및 1일 섭취량
88) 발효유류라 함은 원유 또는 유가공품을 유산균 또는 효모로 발효시킨 것이거나, 이에 식품 또는 식품 첨가물을 가한 것을 말한다. 식품공전 제5. 식품별 기준 및 규격. 19.유가공품. 19-4.발효유류

기능성에 해당하지 않는 내용

다음의 사항은 기능성에 해당하지 않는다.

① 어린이, 임산·수유부, 노인 등 건강 민감 계층과 관련된 내용

　예시) 수험생 기억력 개선, 어린이 키 성장, 노인 인지 능력 개선

② 남성, 여성의 성 기능 또는 생식기 건강과 관련된 내용

　예시) 정자 운동성, 질 건강

③ 「건강기능식품의 기준 및 규격」의 질병 발생 위험 감소 기능과 「건강 기능 식품 기능성 원

　료 및 기준·규격 인정에 관한 규정」 제16조 관련 별표 4에서 정한 질병 발생 위험 감소 기

　능에 대한 내용

[별표 2] 기능성 범위(제4조 제1항 관련)

기능성 원재료 또는 성분 및 1일 섭취 기준량

순번	기능성 원재료 또는 성분	1일 섭취 기준량
1	인삼	• 진세노사이드 Rg1과 Rb1의 합계로서 3~80mg
		• 진세노사이드 Rg1과 Rb1의 합계로서 25mg
2	홍삼	• 진세노사이드 Rg1, Rb1 및 Rg3의 합계로서 3~80mg
		• 진세노사이드 Rg1, Rb1 및 Rg3의 합계로서 2.4~80mg
		• 진세노사이드 Rg1, Rb1 및 Rg3의 합계로서 25~80mg
3	클로렐라	• 총 엽록소로서 8~150mg
		• 총 엽록소로서 125~150mg
4	스피루리나	• 총 엽록소로서 8~150mg
		• 총 엽록소로서 40~150mg
5	프로폴리스 추출물	• 총 플라보노이드로서 16~17mg
6	구아바잎 추출물	• 총 폴리페놀로서 120mg
7	바나바잎 추출물	• 코로솔산으로서 0.45~1.3mg
8	EPA 및 DHA 함유 유지	• EPA와 DHA의 합으로서 0.5~2g
		• EPA와 DHA의 합으로서 0.6~1g
9	매실추출물	• 구연산으로서 1~1.3g
10	구아검/구아검가수분해물	• 구아검/구아검가수분해물 식이섬유로서 9.9~27g
		• 구아검/구아검가수분해물 식이섬유로서 4.6~27g
11	난소화성말토덱스트린	• 난소화성말토덱스트린 식이섬유로서 11.9~30g(액상원료는 11.6~44g)
		• 난소화성말토덱스트린 식이섬유로서 12.7~30g(액상원료는 12.7~44g)
		• 난소화성말토덱스트린 식이섬유로서 2.5~30g(액상원료는 2.3~44g)
12	대두식이섬유	• 대두 식이섬유로서 20~60g
		• 대두 식이섬유로서 10~60g
13	목이버섯 식이섬유	• 목이버섯식이섬유로서 12g

순번	기능성 원재료 또는 성분	1일 섭취 기준량
14	밀식이섬유	• 밀 식이섬유로서 6~36g
		• 밀 식이섬유로서 36g
15	보리식이섬유	• 보리 식이섬유로서 20~25g
16	옥수수겨 식이섬유	• 옥수수겨식이섬유로서 10g
17	이눌린/ 치커리추출물	• 이눌린/치커리추출물 식이섬유로서 7.2~20g
		• 이눌린/치커리추출물식이섬유로서 6.4~20g
18	차전자피 식이섬유	• 차전자피 식이섬유로서 5.5g 이상
		• 차전자피 식이섬유로서 3.9g 이상
19	호로파종자 식이섬유	• 호로파종자 식이섬유로서 12~50g
20	알로에 겔	• 총다당체 함량으로서 100~420mg
21	프락토 올리고당	• 프락토올리고당으로서 3~8g
22	프로바이오틱스	• 100,000,000 CFU
23	홍국	• 총 모나콜린 K로서 4~8mg
24	대두단백	• 대두단백으로서 15g 이상
25	폴리감마 글루탐산	• 폴리감마글루탐산으로서 60~70mg
26	마늘	• 마늘 분말로서 0.6~1.0g
27	라피노스	• 라피노스로서 3~5g
28	분말한천	• 분말한천으로서 2~5g (총 식이섬유로서 1.6~4.0g)
29	유단백가수 분해물	• 유단백가수분해물로서 150mg (알파에스1카제인(αS1-casein)(f91-100)으로서 2.7~4.1mg)

[별표 2] 내용 편집

3. 식품 등의 요건

기능성 표시 또는 광고를 할 수 있는 식품 등의 요건

---

① 「식품 위생법」 제48조 제3항에 따라 식품 안전 관리 인증 기준 적용 업소로 인증받은 업소 또는 「축산물 위생 관리법」 제9조 제3항에 따라 축산물 안전 관리 인증 업소로 인증받은 업소에서 제조·가공되어야 한다. 다만, 「수입 식품 안전 관리 특별법」 제2조에 따른 수입 식품 등은 제외.

② 식품 등에 함유된 기능성을 나타내는 원재료 또는 성분의 함량은 별표 2 제1호에 따른 1일 섭취 기준량의 30% 이상을 충족하고 최대 함량 기준을 초과하지 않아야 한다. 이 경우 1일 섭취 기준량 적용은 「식품 등의 표시 기준」에 따른 1회 섭취 참고량을 기준으로 한다.

③ 식품 등에 사용된 기능성을 나타내는 원재료 또는 성분은 「건강 기능 식품에 관한 법률」 제4조 및 같은 법 제22조에 따른 우수 건강 기능 식품 제조 기준 적용 업소에서 제조·가공된 것이어야 한다. 다만, 「수입 식품 안전 관리 특별법」 제2조에 따른 수입 식품 등은 제외.

④ 기능성을 나타내는 원재료 또는 성분을 사용한 식품 등은 다음 어느 하나의 기준에 적합하여야 한다. 이 경우 시험 절차와 방법은 「건강 기능 식품의 기준 및 규격」 또는 「건강 기능 식품 기능성 원료 및 기준·규격 인정에 관한 규정」에 따른다. 다만, 식품 등의 특성상 기능성을 나타내는 성분의 표시량 시험방법을 적용하기 어려운 경우에는 「식품 등의 표시 또는 광고 실증에 관한 규정」 제4조 제3호 가목에서 정하고 있는 시험 절차와 방법에 적합하여야 한다.

- 「건강 기능 식품의 기준 및 규격」제 3. 개별 기준 및 규격 중 기능 성분의 표시량 기준
- 「건강 기능 식품 기능성 원료 및 기준·규격 인정에 관한 규정」에 따라 인정된 기능 성분 함량 기준 및 규격 중 기능 성분의 표시량 기준

⑤ 식품 등에 함유된 기능성을 나타내는 원재료 또는 성분의 함량은 소비기한까지 유지되어

야 하며, 제조일 또는 수입일 기준으로 매 6개월마다 ④에 따른 표시량 기준에 적합하여

야 한다.

4. 표시 또는 광고의 방법

기능성 표시 또는 광고의 방법

---

① 기능성을 표시하려는 식품 등은 다음의 사항을 포함하여야 한다. 이 경우 1 및 5의 사항은 주표시면에 표시하여야 하고, 그 이외의 사항은 기능성 표시 서식 도안을 활용하여 표시할 수 있다.

  1. 기능성에 도움을 줄 수 있다고 알려진 또는 보고된 기능성 원재료 또는 성분이 식품 등에 들어있다는 내용

   예시) 본 제품에는 A(기능성)에 도움을 줄 수 있다고 알려진(또는 보고된) B(기능성 원재료 또는 성분)가 들어 있습니다.

  2. 기능성 성분 함량. 이 경우 기능성 성분 함량 표시 단위는 「식품 등의 표시 기준」 별지 1.1.아.1)에 따른 영양 성분 표시 단위 기준을 준용한다.

  3. 1일 섭취 기준량

  4. 섭취 시 주의 사항. 이 경우 해당 기능성을 나타내는 원재료 또는 성분별로 「건강 기능 식품의 기준 및 규격」과 「건강 기능 식품 기능성 원료 및 기준·규격 인정에 관한 규정」에서 정한 사항을 모두 포함하여야 하며, 섭취 시 주의 사항을 정하고 있지 아니하는 경우 표시를 생략할 수 있다.

  5. "본 제품은 건강 기능 식품이 아닙니다."라는 문구

  6. 질병의 예방·치료를 위한 제품이 아니라는 문구

  7. 균형 잡힌 식생활을 권장하는 문구

  8. 이상 사례가 있는 경우 섭취를 중지하고 전문가와 상담이 필요하다는 문구

② ①에 따른 표시가 있는 식품 등에 한하여 기능성 광고를 할 수 있다. 이 경우 "본 제품은 건강 기능 식품이 아닙니다."라는 문구를 포함하여야 한다.

주표시면	정보표시면	
	식품유형	혼합음료
	품목보고번호	○○○○○○○○○○○-○○○
	업소명 및 소재지	○○사, 충북 흥덕구
○○ 음료	유통기한	○○년○○월○○일까지
	원재료명	○○, ○○, ○○, ○○, ○○
	포장재질	폴리프로필렌
	보관방법	실온보관
	주의사항	부정불량 식품신고는 국번 없이 1399, 이 제품은 ○○○를 사용한 제품과 같은 시설에서 제조
	기능성 성분 함량 (총 내용량 당)	대두식이섬유로서 0g(식이섬유 0g)
배변활동 원활에 도움을 줄 수 있다고 보고된 대두식이섬유가 들어 있습니다.	1일 섭취 기준량	대두식이섬유로서 20~60g
본 제품은 건강기능식품이 아닙니다.	대두에 알레르기를 나타내는 사람은 섭취에 주의하세요. 균형 잡힌 식생활을 권장합니다. 이상사례가 있는 경우 섭취를 중단하고 전문가와 상담이 필요합니다. 본 제품은 질병 예방·치료 제품이 아닙니다.	
200ml(100kcal)	영양정보 총 내용량 00g 000kcal 나트륨 00mg 00% 지방 00g 00% 탄수화물 00g 00% 트랜스지방 00g 당류 00g 00% 포화지방 00g 00% 콜레스테롤 00mg 00% 단백질 00g 00%	

(일반 식품의 기능성 표시 제도 질의응답집(민원인 안내서) p.14, 식약처 2021.1)

5. 자료 공개 등

자료 공개 등

3.의 기능성 표시 또는 광고의 방법에 따른 표시 또는 광고를 하려는 영업자는 「식품위생법」
제64조에 따른 한국식품산업협회의 인터넷 홈페이지에 다음 각 호의 자료를 공개하여야 한다.

① 제품명

② 업소명

③ 기능성 성분명과 그 함량

④ 1일 섭취 기준량 및 기능성 성분 함량의 1일 섭취 기준량에 대한 비율

⑤ 기능성 표시 내용

⑥ 과학적 근거자료

예제 1 특수 의료 용도 식품인 "○○ 케어"는 당뇨 환자용 식단형 식품으로써 표시면에 "본 제품에는 당 관리에 도움을
줄 수 있다고 알려진 A(기능성 원재료)가 들어 있습니다."라는 문구를 표시하였다. (X)

▶ 특수 의료 용도 식품은 기능성 표시 제외 식품에 해당된다.

　(부당한 표시 또는 광고로 보지 아니하는 식품 등의 기능성 표시 또는 광고에 관한 규정 제3조 2항)

예제 2 개별 소포장 파우치(10mL) × 50개(500mL)가 최소 판매 단위인 홍삼 액 제품의 주표시면에 홍삼의 기능성을 표시하였다. (X)

▶ 100mL 이하 파우치 형태에 해당되기 때문에 홍삼에 대한 기능성 표시는 할 수 없다.

　(부당한 표시 또는 광고로 보지 아니하는 식품 등의 기능성 표시 또는 광고에 관한 규정 제3조 2항.5.라)

　예시 1: 사과 추출액 제품(100mL 파우치)에 인삼·홍삼에 대한 기능성 표시는 할 수 없음. 다만, 알로에 겔 등 그 외 기능성 원료를 사용 시 기능성 표현 가능.

　예시 2: 최소 판매 단위가 200mL인 액상 제품이 개별 포장 제품(10mL) 20개로 구성되어 있다면, 100mL 이하 파우치 형태에 해당하여 인삼·홍삼에 대한 기능성 표시는 할 수 없다.

　(일반 식품의 기능성 표시 제도 질의응답집(민원인 안내서) p.3. 식약처 2021.1)

예제 3 "○○ 제면"은 제조 과정에서 주정으로 처리한 소면을 생산하고 있으며 기능성 표현을 하였다. (O)

▶ 「식품의 기준 및 규격」에서 정한 식품 유형이 '주류'인 경우에만 기능성 표현을 제한하는 것이며, 주정 처리 한 면류 등은 기능성 표현을 제한하지 않는다.

　(일반 식품의 기능성 표시 제도 질의응답집(민원인 안내서) p.4. 식약처 2021.1)

예제 4 "가나다 제과"는 실증을 통해 충치 예방 기능이 검증된 자일리톨을 원재료로 한 자일리톨 과자를 출시하면서 표시면에 "충치 예방"이라고 표시하였다. (X)

▶건강 기능 식품을 제외한 일반 식품에 질병 위험 감소에 도움이 된다는 등의 기능성 표시·광고는 부당한 표시·광고에 해당되어 사용할 수 없다. 따라서, 실증과 관계없이 충치 예방 등 질병 감소 기능성 표현은 사용 불가하다.

예시: 설탕을 자일리톨로 대체 시, 충치 예방 (X) / 치아 건강 (O)

(일반 식품의 기능성 표시 제도 질의응답집(민원인 안내서) p.7. 식약처 2021.1)

예제 5 "ABC 우유"의 신제품 발효유류는 실증을 통해 "장 건강"에 대한 기능성이 검증되어 표시면에 "장 건강 유산균"
이라고 표시하였다. (O)

▶ 발효유류의 '위 건강' 또는 '장 건강' 표현은 「식품 등의 표시 또는 광고 실증에 관한 규정」에 따라 과학적 자료를 갖춘
경우 2024.12.31.까지 가능하며, 2025.1.1.일부터는 건강 기능 식품의 개별 인정형 원료의 일반식품 원료 사용 가능
여부에 대한 의사 결정도에 따라 식품의 원료로 사용할 수 있다고 인정받은 경우 표현 가능하다.
(일반 식품의 기능성 표시 제도 질의응답집(민원인 안내서) p.8. 식약처 2021.1)
(부당한 표시 또는 광고로 보지 아니하는 식품등의 기능성 표시 또는 광고에 관한 규정 제4조 1항.3.다)

예제 6 "가나다 식품"은 수험생 집중력 향상에 도움되는 기능성 물질이 함유된 젤리를 출시하면서 "수험생 집중력 향
상"이라고 표시하였다. (X)

▶ 소비자의 오인·혼동을 방지하기 위해 성 기능, 기억력 개선, 키 성장 등 사회적으로 민감한 기능성에 대한 내용은 제
한된다.
다음의 사항은 기능성에 해당하지 않는다.
1. 어린이, 임산·수유부, 노인 등 건강 민감 계층과 관련된 내용
예시) 수험생 기억력 개선, 어린이 키 성장, 노인 인지 능력 개선
2. 남성, 여성의 성 기능 또는 생식기 건강과 관련된 내용
예시) 정자 운동성, 질 건강
3. 「건강 기능 식품의 기준 및 규격」의 질병 발생 위험 감소 기능과 「건강 기능 식품 기능성 원료 및 기준·규격 인정
에 관한 규정」 제16조 관련 별표 4에서 정한 질병 발생 위험 감소 기능에 대한 내용
(부당한 표시 또는 광고로 보지 아니하는 식품등의 기능성 표시 또는 광고에 관한 규정 제4조 2항)

예제 7 "ABC 트레이딩"은 자사가 수입하는 제품이 고시에서 정하는 기능성 요건을 갖추었기 때문에 수입 식품이지만
기능성 관련 표시를 하였다. (O)

▶ 고시에서 정하는 요건을 갖춘 경우라면 수입 식품 등도 기능성 표시 가 가능하다. 다만, 수입 식품 등의 경우에는
GMP 원료를 사용하여 HACCP 업체에서 제조·가공해야 하는 요건의 적용 대상은 아니다.
예시 1: 원료(국내) + 제조·가공(국내) : GMP 원료 + HACCP 제조·가공
예시 2: 원료(수입) + 제조·가공(국내) : 수입 신고 된 건강 기능 식품 기능성원료 + HACCP 제조·가공
예시 3: 수입 완제품: GMP 원료 사용 및 HACCP 제조·가공 적용 대상 아님. 다만, 「건강 기능 식품의 기준 및 규격」
에 충족하는 기능성 원료를 사용하여 제조·가공되어야 함
(일반 식품의 기능성 표시 제도 질의응답집(민원인 안내서) p.11. 식약처 2021.1)

예제 8 기능성이 표시된 수입 식품의 통관 전 구비 서류는?

▶ 고시에서 정하는 요건을 갖추었는지 여부를 수입 통관 단계에서 서류 검사 등으로 확인하므로 관련 입증 자료를 구비하여야 하며 구비해야 할 서류는 다음과 같다.
   1) 건강 기능 식품 원료 요건 충족 관련 자료(건강 기능 식품 원료 기능성 성분 함량 시험 성적서, 제조 방법 설명서)
   2) 최종 제품에 대한 기능성 성분 함량 시험 성적서
   (일반 식품의 기능성 표시 제도 질의응답집(민원인 안내서) p.11. 식약처 2021.1)

예제 9 가나다 제과의 "OO 비스킷"은 기능성 표시 식품이지만 일반 식품에 해당되므로 「식품 등의 표시 기준」에 따라 의무 표시 사항을 준수하였으며 이외 별도의 추가적인 기능성 관련 표시는 하지 않았다. (X)

▶ 기능성 표시 식품은 일반 식품의 의무 표시 사항외 기능성 식품 표시 방법에 따라 별도의 표시를 해야 한다.
   (부당한 표시 또는 광고로 보지 아니하는 식품 등의 기능성 표시 또는 광고에 관한 규정 제6조)

식품 등의 부당한 표시 또는 광고의 내용 기준

본 절에서는 식품표시광고법 고시 「식품 등의 부당한 표시 또는 광고의 내용 기준」[89]을 확인해 본다. 이 고시는 「식품 등의 표시·광고에 관한 법률」 제8조 제1항·제2항, 같은 법 시행령 제3조 제2항에 따른 부당한 표시 또는 광고의 구체적인 내용을 예시함으로써 부당한 표시·광고에 대한 법 집행의 객관성과 투명성을 확보하고 식품등에 올바른 표시·광고를 하도록 하여 소비자 보호에 이바지함을 목적으로 한다(제1조).

1. 부당한 표시 또는 광고의 내용

부당한 표시 또는 광고의 내용

---

① 식품 등을 의약품으로 인식할 우려가 있는 표시 또는 광고

- 한약의 처방명 또는 별표 1의 이와 유사한 명칭을 사용한 표시·광고

---

89) [시행 2021. 11. 10.] [식품의약품안전처고시 제2021-89호, 2021. 11. 10., 일부 개정.]

② 건강 기능 식품이 아닌 것을 건강 기능 식품으로 인식할 우려가 있는 표시 또는 광고

- "건강 기능 식품" 문구나 도안을 사용한 표시·광고

③ 소비자를 기만하는 표시 또는 광고

☞ 아래 참고

④ 다른 업체나 다른 업체의 제품을 비방하는 표시 또는 광고

 1) 다른 업소의 제품을 비방하거나 비방하는 것으로 의심되는 표시·광고

 예시) "다른 ○○와 달리 이 ○○는 △△△△△을 첨가하지 않습니다.", "다른 ○○와 달리
   이 ○○은 △△△만을 사용합니다."

 2) 자기 자신이나 자기가 공급하는 식품 등이 객관적 근거 없이 경쟁 사업자의 것보다 우
  량 또는 유리하다는 용어를 사용하여 소비자를 오인시킬 우려가 있는 표시·광고.

 예시) "최초"를 입증할 수 없음에도 불구하고 "국내 최초로 개발한 OO 제품", "국내 최초
   로 수출한 OO회사" 등의 방법으로 표시·광고하는 경우

 예시) 조사 대상, 조사 기관, 기간 등을 명백히 명시하지 않고 "고객 만족도 1위", "국내 판
   매 1위" 등을 표시·광고하는 경우

⑤ 사행심을 조장하거나 음란한 표현을 사용하여 공중도덕이나 사회 윤리를 현저하게 침해
하는 표시 또는 광고

 1) 식품 등의 용기·포장을 복권이나 화투로 표현한 표시·광고

 2) 성기 또는 나체 표현 등 성적 호기심을 유발하는 그림, 도안, 사진, 문구 등을 사용한
  표시·광고

  예시) "키스하고 싶어지는 캔디", "만지고 싶은 젤리"

 ☞ ③ 소비자 기만 표시 또는 광고

소비자를 기만하는 표시 또는 광고

① 식약처장이 고시한 「식품의 기준 및 규격」, 「식품 첨가물의 기준 및 규격」, 「기구 및 용

기·포장의 기준 및 규격」, 「건강 기능 식품의 기준 및 규격」에서 해당 식품 등에 사용하지 못하도록 정한 원재료, 식품 첨가물(보존료 제외) 등이 없거나 사용하지 않았다는 표시·광고.

예시 1) 색소 사용이 금지된 다류, 커피, 김치류, 고춧가루, 고추장, 식초에 "색소 무첨가" 표시·광고

예시 2) 고춧가루에 "고추씨 무첨가" 표시·광고

예시 3) 식품용 기구에 "DEHP Free" 표시·광고

② 식약처장이 고시한 「식품 첨가물의 기준 및 규격」에서 해당 식품 등에 사용하지 못하도록 정한 보존료가 없거나 사용하지 않았다는 표시·광고. 이 경우 보존료는 「식품의 기준 및 규격」 제1.2.9)에 따른 데히드로초산나트륨, 소브산 및 그 염류(칼륨, 칼슘), 안식향산 및 그 염류(나트륨, 칼륨, 칼슘), 파라옥시안식향산류(메틸, 에틸), 프로피온산 및 그 염류(나트륨, 칼슘)을 말한다.

예시) 면류, 김치, 만두피, 양념 육류 및 포장육에 "보존료 무첨가", "무보존료" 등의 표시

③ "환경 호르몬", "프탈레이트" 와 같이 범위를 구체적으로 정할 수 없는 인체 유해 물질이 없다는 표시·광고. 다만, 소비자 정보 제공을 위하여 식품용 기구(영·유아용 기구 제외)에 대한 "BPA Free", "DBP Free", "BBP Free" 표시·광고로 해당 인체 유해 물질이 최종 제품에서 검출되지 않은 경우의 표시·광고는 제외

④ 제품에 포함된 성분 또는 제조 공정 중에 생성되는 성분이 해당 제품에 없거나 사용하지 않았다는 표시·광고

예시 1) 셀러리 분말과 발효균을 사용한 제품에 "아질산나트륨(NaNO2) 무첨가" 표시·광고(셀러리 분말과 발효균 사용 시 제품에서 NO2 이온 생성)

예시 2) 아미노산을 함유하고 있는 식물성 단백가수분해물을 사용한 제품에 아미노산의 한 종류인 "L-글루탐산나트륨(아미노산) 무첨가" 표시·광고

⑤ 영양 성분의 함량을 낮추거나 제거하는 제조·가공의 과정을 거치지 않은 원래의 식품 등에 해당 영양 성분이 전혀 들어 있지 않은 경우 그 영양 성분에 대한 강조 표시·광고

예시) 두부 제품에 '무콜레스테롤' 표시·광고

⑥ 당류(단당류와 이당류의 합)를 사용하거나, 「식품 등의 표시 기준」 별지 1 제1호.아.3).가)[90] 영양 강조 표시 기준에 따른 '무당류' 기준에 적절하지 않은 식품 등에 '무설탕' 표시·광고 및 같은 호.아목3)다)[91]에 따른 "설탕 무첨가" 기준에 적절하지 않은 식품 등에 "설탕 무첨가" 또는 "무가당" 표시·광고

⑦ 식약처장이 고시한 「식품 첨가물의 기준 및 규격」에서 규정하고 있지 않는 명칭을 사용한 표시·광고

예시) "무MSG", "MSG 무첨가", "무방부제", "방부제 무첨가" 표시·광고

⑧ 식약처장이 고시한 「식품의 기준 및 규격」, 「식품 첨가물의 기준 및 규격」,「기구 및 용기·포장의 기준 및 규격」, 「건강 기능 식품의 기준 및 규격」에 따른 유해 물질(농약, 중금속, 곰팡이 독소, 동물용 의약품, 의약품 성분과 그 유사물질 등) 기준 및 규격에 적합하다는 사실을 강조하여 다른 제품을 상대적으로 규정에 적합하지 않다고 인식하게 하는 표시·광고

예시) 농약 기준에 적합한 녹차, 중금속 기준에 적합한 김치

☞ 아래 참고

⑨ 합성 향료만을 사용하여 원재료의 향 또는 맛을 내는 경우 그 향 또는 맛을 뜻하는 그림, 사진 등의 표시·광고

⑩ 다음의 어느 하나에 해당하는 식품등이 "천연", "자연"(natural, nature와 이에 준하는 다른 외국어를 포함)이라는 표시·광고.

　1) 합성 향료·착색료·보존료 또는 어떠한 인공이나 수확 후 첨가되는 화학적 합성품이 포함된 식품 등

　2) 비식용 부분의 제거 또는 최소한의 물리적 공정(별표 2의 물리적 공정을 말한다.

---

90) "저", "무", "고(또는 풍부)" 또는 "함유(또는 급원)" 용어 사용
91) 다음의 모두에 해당하는 경우 "설탕 무첨가", "무가당"을 표시할 수 있다.
　(1) 당류를 첨가하지 않은 제품
　(2) 당류를 기능적으로 대체하는 원재료(꿀, 당시럽, 올리고당, 당류 가공품 등. 다만, 당류에 해당하지 않는 식품 첨가물은 제외.)를 사용하지 않은 제품
　(3) 당류가 첨가된 원재료(잼, 젤리, 감미 과일 등)를 사용하지 않은 제품
　(4) 농축, 건조 등으로 당 함량이 높아진 원재료(말린 괴일 페이스트, 농축 괴일 주스 등)를 사용하지 않은 제품
　(5) 효소 분해 등으로 식품의 당함량이 높아지지 않은 제품

☞ 아래 참고) 이외의 공정을 거친 식품 등

3) 자연 상태의 농산물·임산물·수산물·축산물, 먹는 물, 유전자 변형 식품 등, 나노 식품 등

〈대상에서 제외되는 경우〉

- 「식품의 기준 및 규격」에 따른 식육 가공품 중 천연 케이싱에 대한 "천연" 표현
- 자연 상태의 농산물·임산물·수산물·축산물에 대한 "자연" 표현 → 천연 X
- 영업소의 명칭 또는 「상표법」에 따라 등록된 상표명[92]에 포함된 "자연", "천연" 표현

⑪ 최종 제품에 표시한 1개의 원재료를 제외하고 어떤 물질이 남아 있는 경우의 "100%" 표시·광고. 다만, 농축액을 희석하여 원상태로 환원한 제품의 경우 환원된 단일 원재료의 농도가 100%이상이면 제품 내에 식품 첨가물(표시 대상 원재료가 아닌 원재료가 포함된 혼합 제제류 식품 첨가물은 제외)이 포함되어 있다 하더라도 100%의 표시를 할 수 있다. 이 경우 100% 표시 바로 옆 또는 아래에 괄호로 100% 표시와 동일한 글씨 크기로 식품 첨가물의 명칭 또는 용도를 표시하여야 한다.

예시) 100% 오렌지주스(구연산 포함), 100% 오렌지주스(산도 조절제 포함)

⑫ 아래 해당 업자 이외의 상표나 로고 등을 사용한 표시·광고

1)[93] 식품 제조·가공업, 유통 전문 판매업, 축산물 가공업

2)[94] 식육 포장 처리업, 축산물 유통 전문 판매업

3)[95] 건강 기능 식품 제조업, 건강 기능 식품 유통 전문 판매업

4)[96] 주문자 상표 부착 방식 위탁 생산 식품 등의 위탁자

〈제외되는 경우〉

- 최종 소비자에게 판매되지 아니하는 식품 등 및 자연 상태의 농산물·임산물·수산

---

92) 제품명으로 사용하는 경우 제외
93) 「식품 위생법 시행령」 제21조제1호 및 제5호나목3)에 따른
94) 「축산물 위생 관리법 시행령」 제21조 제3호·4호 및 제7호마목에 따른
95) 「건강기능식품에 관한 법률 시행령」 제2조제1호 및 제3호나목에 따른
96) 「수입식품안전관리 특별법」 제18조에 따른

물·축산물의 경우

- 「상표법」에 따른 상표권을 소유한 자가 상표 사용권뿐만 아니라 해당 제품에 안전·품 질에 관한 정보·기술을 제조사에게 제공한 경우

⑬ 정의와 종류(범위)가 명확하지 않고, 객관적·과학적 근거가 충분하지 않은 용어를 사용하여 다른 제품보다 우수한 제품으로 소비자를 오인·혼동시키는 표시·광고

예시) 슈퍼 푸드(Super food), 당지수(Glycemic index, GI), 당부하지수(Glycemic Load, GL) 등

⑭ 「유전자 변형 식품 등의 표시 기준」 제3조 제1항에 해당하는 표시 대상 유전자 변형 농임수 축산물이 아닌 농산물·임산물·수산물·축산물 또는 이를 사용하여 제조·가공한 식품 등에 "비유전자 변형 식품, 무유전자 변형 식품, Non-GMO, GMO-free" 또는 이와 유사한 용어 및 표현을 사용한 표시·광고

⑮ 먹는 물과 유사한 성상(무색 등)의 음료에 "OO수", "OO물", "OO 워터" 등 먹는 물로 오인·혼동하는 제품명을 사용한 표시·광고. 다만, 탄산수 및 식품 유형을 주표시면에 14포인트 이상의 글씨로 표시하는 경우는 제외.

⑯ 「식품 위생법」, 「축산물 위생관리법」, 「건강 기능 식품에 관한 법률」 등 법률에서 정한 유형의 식품 등과 오인·혼동할 수 있는 표시·광고. 다만, 즉석 섭취 식품, 즉석 조리 식품, 소스는 식품 유형과 용도를 명확하게 표시한 경우 제외.

☞ ⑧

식품의약품안전처 공고 제2022-440호

식품 등의 표시·광고에 관한 법률 시행령」을 개정함에 있어 그 취지와 내용을 국민에게 미리 알려 의견을 듣고자 「행정절차법」 제41조에 따라 다음과 같이 공고합니다.

2022년 10월 7일

식품의약품안전처장

식품 등의 표시·광고에 관한 법률 시행령 일부 개정령(안) 입법 예고

1. 개정 이유 및 주요 내용

제품의 성분과 직접적인 관련이 없거나 사용하지 않은 성분을 강조하여 다른 업소의 제품을 간접적으로 다르게 인식하게 하는 내용의 표시·광고를 부당한 표시 또는 광고로 규정하고 있으나, 사용할 수 있는 식품 첨가물임에도 사용하지 않았다는 내용의 표시 또는 광고는 부당한 표시 또는 광고의 대상에서 제외하도록 규정을 신설하는 등 현행 제도 운영 상 나타난 일부 미비점을 개선·보완하려는 것임.

~ 중략 ~

☞ ⑩ 2)

[별표 1] 한약의 처방명 및 이와 유사 명칭

한약 처방명	한약 처방명과 유사 명칭
공진(신)단	공진환, 공진원, 공신단, 공신환, 공신원, 공심환, 공진액, 공보환, 공지환, 공침환, 공본환
경옥고	경옥정, 경옥보, 경옥환, 정옥고, 경옥액, 경옥생고, 경옥진고
익수영진고	익수영진경옥고차환
사군자탕	사군자전, 사군자탕환, 사군자환
사물탕	사물전, 사물탕환, 사물환, 사물액
쌍화탕	쌍화전, 한방쌍화차, 쌍화액
십전대보탕	십전대보전, 십전대보액, 십전대보원, 십전대보초, 활력십전대보원, 대보초
녹용대보탕	녹용대보전,녹용대보액, 녹용대보즙, 녹용기력대보, 녹용대보진액, 녹용대보정, 대보초, 녹용대보초
(가감)보아탕	보아전
총명탕	총명전, 총명차, 총명환, 총명대보중탕, 총기차, 총명액
귀비탕	귀비전, 귀비차, 귀비액
육미지황탕(환)	육미지황전, 육미지황원, 육미골드, 육미지황액
팔미지황탕(환)	팔물전전, 팔미지황원, 팔미지황액
(인삼)고본환	인삼고본주, 고본주, 고본술, 고본액
(연령)고본단	고본주, 고본술
(현토)고본환	고본주, 고본술
고본건양단	고본주, 고본술
궁귀교애탕	궁귀교애전, 궁귀교애초, 궁귀초
소체환	속편환
육군자탕	육군자전
오적산	오적산전
생맥산	생맥산전, 생맥차
익모환	-
진해고	-
(청간)명목환	-
(우황)청심원	청심환
귤피탕	-
맥문동탕	-

한약 처방명	한약 처방명과 유사 명칭
팔물(진)탕	-
이중탕	인삼탕
연년익수불로단	-
오자원	-
오자연종환	-
(소아)귀룡(용)탕	-
기타	성장환, 생치원, 제통원, 정기산, 혈기원, 신기원, 천보환, 청패원액, 청패액, 청패원, 은교산, 성장액

[별표 2] 최소한의 물리적 공정 용어 정의와 범위

공정명	용어 정의	제 외
세척	물(세척액 포함)을 이용하여 불순물 제거	-
박피	칼과 기계적 마찰을 이용하여 과일이나 채소의 껍질을 벗김	열수, 스팀, 화염, 알칼리 용액 등을 이용한 박피 제외
절단	자르거나 베어서 끊음	-
압착	압력을 주어 물체를 납작하게 하여 과일주스, 종자나 견과에서 기름을 짜내는 것	-
분쇄	식품을 작은 입자로 만드는 것	마이크로, 나노 단위의 미분쇄 제외
교반	휘저어 섞는 것	-
건조	수분을 증발시켜 없애는 것(동결건조 포함)	60℃ 이상의 열풍건조 제외
냉동	-18℃ 이하로 온도를 낮추어 보존하는 것	-
냉장	0~10℃ 이하로 온도를 낮추어 보존하는 것	-
성형	틀을 써서 식품을 특정한 형태로 만드는 것	-
압출	틀이나 좁은 구멍으로 눌러서 밀어내어 국수, 냉면 등을 뽑는 것	-
여과	거름종이, 체, 망 등을 사용하여 액체 속에 들어 있는 침전물을 걸러 내는 것	예) 이온교환 필터를 이용한 여과, 정밀여과, 한외여과(ultrafiltration)
원심분리	원심력을 이용하여 고체와 액체 또는 비중이 서로 다른 두 가지 액체를 나누는 것	10,000rpm 이상의 고속 원심분리 제외(특정성분 제거) 예) 초원심분리(ultracentrifugation)
혼합	손 또는 믹서로 뒤섞어서 한 데 합함	-
폭기	공기를 불어넣는 것	-
숙성	식품 속의 단백질, 지방, 탄수화물이 자체의 효소, 미생물, 염류의 작용으로 알맞게 분해되어 특유의 맛과 향기를 갖게 만드는 것	-
자연발효	식품 자체의 미생물이 유기 화합물을 분해하여 알코올류, 유기산류, 이산화탄소 등을 생산하는 것	미생물을 인위적으로 투입하는 것은 제외
용해	액체 속에서 녹아 용액을 만드는 것	-

예제 1 A 제과는 인삼 등 각종 한방 성분을 첨가한 젤리를 개발한 후 제품명을 "쌍화전 젤리"라 하였다. (X)

▶ 식품 등을 의약품으로 인식할 우려가 있는 부당한 표시 또는 광고에 해당한다.
  한약의 처방명 또는 [별표 1] 한약의 처방명 및 이와 유사 명칭을 사용한 표시·광고
  (식품 등의 부당한 표시 또는 광고의 내용 기준 제2조.1)

예제 2 장류 제조 업체인 B 식품은 색소를 첨가하지 않은 신제품 고추장을 개발 후 주표시면에 "색소 무첨가"를 표시하였다. (X)

▶ 고추장은 색소 사용이 금지된 품목이므로 이는 소비자를 기만하는 표시·광고에 해당된다.
  (식품 등의 부당한 표시 또는 광고의 내용 기준 제2조.3.가)

예제 3 즉석조리 식품인 "OO 곰탕"은 "L-글루탐산나트륨 무첨가"표시를 하였다. (O)

▶ 즉석조리 식품은 「식품 첨가물의 기준 및 규격」에 따라 향미 증진제로 사용되는 L-글루탐산나트륨의 사용이 가능하다. 따라서 해당 식품에 허용된 첨가물이기 때문에 "L-글루탐산나트륨 무첨가" 표시는 무방하다.
  (식품 등의 부당한 표시 또는 광고의 내용 기준 제2조.3.가)

예제 4 A 식품은 어떠한 보존료를 사용하지 않은 건면을 제조 후 "보존료 무첨가" 표시를 하였다. (X)

▶ 면류는 보존료 사용이 금지된 품목이므로 이는 소비자를 기만하는 표시·광고에 해당된다.
  (식품 등의 부당한 표시 또는 광고의 내용 기준 제2조.3.나)

예제 5 식품 용기 제조 업체 "ABC 테크"는 신제품 텀블러에 환경 호르몬의 일종인 비스페놀A(BPA)를 사용하지 않았고 또한 공인된 시험 분석 기관의 테스트에서도 검출되지 않았기 때문에 "BPA Free" 표시를 하였다. (O)

▶ 구체적인 환경 호르몬의 명칭을 표시하는 것은 허용된다.
  (식품 등의 부당한 표시 또는 광고의 내용 기준 제2조.3.다)

예제 6 영·유아용 제품을 생산하는 "가나다 산업"은 영·유아용 젖병에 비스페놀A(BPA)를 사용하지 않았고 공인된 시험 분석 기관의 테스트에서도 검출되지 않았기 때문에 "BPA Free" 표시를 하였다. (X)

▶ 영·유아용 기구에는 BPA를 사용하여서는 아니되므로 "BPA FREE"를 표시하여서는 안 된다.
  (식품 등의 부당한 표시 또는 광고의 내용 기준 제2조.3.다)

예제 7 아미노산을 함유하고 있는 식물성 단백가수분해물을 사용한 제품에 "L-글루탐산나트륨 무첨가" 표시를 하였다. (X)

▶ L-글루탐산나트륨은 아미노산의 한 종류
  제품에 포함된 성분 또는 제조 공정 중에 생성되는 성분이 해당 제품에 없거나 사용하지 않았다는 표시·광고는 소비자를 기만하는 표시 또는 광고에 해당.
  (식품 등의 부당한 표시 또는 광고의 내용 기준 제2조.3.라)

예제 8 두부 제품에 '무콜레스테롤' 표시를 하였다. (X)

▶ 영양 성분의 함량을 낮추거나 제거하는 제조·가공의 과정을 거치지 않은 원래의 식품 등에 해당 영양 성분이 전혀 들어 있지 않은 경우 그 영양 성분에 대한 강조 표시·광고를 해서는 안 된다.
  (식품 등의 부당한 표시 또는 광고의 내용 기준 제2조.3.마)

예제 9 "OO주스"는 설탕을 전혀 사용하지 않고, 말린 과일 페이스트와 농축 과일 주스를 원재료로 사용하여 단맛을 보강하였기 때문에 "설탕 무첨가" 표시를 하였다. (X)

▶ 당류가 첨가된 원재료(잼, 젤리, 감미 과일 등)를 사용.
  (식품 등의 표시 기준 『별지1』 1.아.3)다)) 따라서 "설탕 무첨가" 기준에 적절하지 않은 식품 등에 "설탕 무첨가" 또는 "무가당" 표시·광고에 해당.
  (식품 등의 부당한 표시 또는 광고의 내용 기준. 제2조.3.바)

예제 10 복합 조미 식품[97]인 "마쪼아 조미료"는 자연 재료를 원료로 사용하였고 어떠한 향미 증진제도 사용하지 않았다. 따라서 정보표시면에 "MSG 무첨가"를 표시하였다. (X)

▶ 식품의약품안전처장이 고시한 「식품 첨가물의 기준 및 규격」에서 규정하고 있지 않는 명칭을 사용한 표시·광고를 해서는 안 된다.
(식품 등의 부당한 표시 또는 광고의 내용 기준 제2조.3.사)

예제 11 A 식품의 오렌지주스는 오렌지 과즙이나 농축액 등을 사용하지 않고 단지 오렌지 맛을 내기 위하여 합성 향료만을 사용하였고 주표시면에 오렌지 사진을 표시하였다. (X)

▶ 합성 향료만을 사용하여 원재료의 향 또는 맛을 내는 경우 그 향 또는 맛을 뜻하는 그림, 사진 등의 표시·광고를 해서는 안 된다.
(식품 등의 부당한 표시 또는 광고의 내용 기준 제2조. 3.자)

예제 12 착색료는 사용하였지만 맛을 내는 향미 증진제, 감미료 등은 사용하지 않은 "마쪼아 조미료"는 "자연에서 얻은 천연의 맛"이라는 광고를 주표시면에 하였다. (X)

▶ "천연", "자연"(natural, nature와 이에 준하는 다른 외국어를 포함)이라는 표시·광고를 해서는 안 된다.
(식품 등의 부당한 표시 또는 광고의 내용 기준 제2조.3.차)

예제 13 사과 농축액 환원 주스인 "OO 사과주스"는 농도가 100%이상이며 식품 첨가물인 구연산이 최종 제품에 남아 있다. 하지만 최종 제품에 사과주스 외 구연산이 남아 있더라도 "100% 사과주스(구연산 포함)"으로 표시해도 된다. (O)

▶ 농축액을 희석하여 원 상태로 환원한 제품의 경우 환원된 단일 원재료의 농도가 100%이상이면 제품 내에 식품 첨가물(표시 대상 원재료가 아닌 원재료가 포함된 혼합 제제류 식품 첨가물은 제외)이 포함되어 있다 하더라도 100%의 표시를 할 수 있다. 이 경우 100% 표시 바로 옆 또는 아래에 괄호로 100% 표시와 동일한 글씨 크기로 식품 첨가물의 명칭 또는 용도를 표시하여야 한다.
(식품 등의 부당한 표시 또는 광고의 내용 기준 제2조.3.카)

---

97) 식품에 당류, 식염, 향신료, 단백가수분해물, 효모 또는 그 추출물, 식품 첨가물 등을 혼합하여 수분 함량이 8% 이하가 되도록 분말, 과립 또는 고형상 등으로 가공한 것으로 식품에 특유의 맛과 향을 부여하기 위해 사용하는 것을 말한다. 식품공전 제5. 식품별 기준 및 규격. 13.조미 식품. 13-2.소스류

예제 14 A사는 유명 육가공 제조사 B사의 가공육을 원료로 하여 "OO 치킨"을 생산하고 있으며 또한 원재료 공급사 B사와는 원재료 공급 계약과 함께 해당 원료에 대한 상표 사용 계약을 병행하였다. A사는 최종 제품의 표시면에 B사의 상표를 사용하였고 B사는 A사의 최종 제품에 원료는 공급하였지만 원료 공급 외 제품 생산 관련 일체의 관여가 되지 않았기 때문에 자사의 상표를 사용하지 말아 달라고 요청하였다. B사의 요구는 정당한가? (O)

▶ 상표를 사용할 수 있는 영업자 외의 상표 사용은 상표권자가 상표 사용권 뿐만 아니라 제품에 대한 안전·품질에 관한 정보·기술을 제조사에게 제공한 경우만 상표 사용이 가능하다. 따라서 이 경우 해당 원료에 대한 상표 사용에 대한 계약은 체결하였지만, A사의 제조 과정에 B사는 원료 공급 외 해당 제품의 생산과 관련한 일체의 관여가 없었기 때문에 B사의 요구는 정당하다.
(식품 등의 부당한 표시 또는 광고의 내용 기준 제2조.3.타)

예제 15 블루베리주스를 제조하는 A음료는 블루베리가 미국 타임지에 세계 10대 슈퍼 푸드에 선정된 기사를 근거로 주표시면에 "슈퍼푸드"를 표시·광고하였다. (X)

▶ 정의와 종류(범위)가 명확하지 않고, 객관적·과학적 근거가 충분하지 않은 용어를 사용하여 다른 제품보다 우수한 제품으로 소비자를 오인·혼동시키는 표시·광고를 해서는 안 된다.
(식품 등의 부당한 표시 또는 광고의 내용 기준 제2조.3.파)

예제 16 유전자변형식품에 해당되지 않는 원료를 사용하여 제조된 최종제품에 "GMO-free"표시를 하였다. X

▶ 「유전자변형식품등의 표시기준」 제3조제1항에 해당하는 표시대상 유전자변형농임축수산물이 아닌 농산물·임산물·수산물·축산물 또는 이를 사용하여 제조·가공한 식품등에 "비유전자변형식품, 무유전자변형식품, Non-GMO, GMO-free" 또는 이와 유사한 용어 및 표현을 사용한 표시·광고를 해서는 안된다.
(식품 등의 부당한 표시 또는 광고의 내용 기준 제2조.3.하)

「유전자변형식품등의 표시기준」 (제3조(표시대상)1항)
「식품위생법」 제18조에 따른 안전성 심사 결과, 식품용으로 승인된 유전자변형농축수산물과 이를 원재료로 하여 제조·가공 후에도 유전자변형 DNA 또는 유전자변형 단백질이 남아 있는 유전자변형식품등은 유전자변형식품임을 표시하여야 한다.

예제 17 A음료는 지하 암반수를 자체 기술력으로 수 처리 하여 제품명 "OO 알칼리수"를 제조하였다. (X)

▶ 먹는 물과 유사한 성상(무색 등)의 음료에 "OO수", "OO물", "OO워터" 등 먹는 물로 오인·혼동하는 제품명을 사용한 표시·광고를 해서는 안 된다. 다만, 탄산수 및 식품 유형을 주표시면에 14포인트 이상의 글씨로 표시하는 경우는 제외한다.
(식품 등의 부당한 표시 또는 광고의 내용 기준 제2조.3.거)

예제 18 B식품은 자사가 제조하는 어묵 제품에 "타사 제품과는 달리 OO 어묵은 보존료를 사용하지 않습니다."라는 문구를 표시하였다. (X)

▶ 다른 업체나 다른 업체의 제품을 비방하는 표시 또는 광고를 해서는 안 된다.
(식품 등의 부당한 표시 또는 광고의 내용 기준 제2조.4)

예제 19 빙과류 제조사인 A빙과는 사람의 나체를 형상화한 듯한 아이스바를 제조하였다. (X)

▶ 사행심을 조장하거나 음란한 표현을 사용하여 공중도덕이나 사회 윤리를 현저하게 침해하는 표시 또는 광고를 해서는 안 된다.
(식품 등의 부당한 표시 또는 광고의 내용 기준 제2조.5)

예제 20 "시원음료"는 우유를 사용하지 않은 차음료를 출시하면서 제품명을 "시원라테"라 하였다. (X)

▶ 우유를 원재료로 사용하지 않은 제품의 제품명으로 '밀크'를 사용하는 경우 해당 제품이 우유를 함유하거나 다른 식품 유형(우유류 등)인 것으로 오인·혼동할 수 있어 적절하지 않다. 또한, '라테'는 이태리어로 '우유'를 의미하며, '에스프레소에 우유를 1:2 또는 1:3의 비율로 섞은 커피'로 알려져 있어 우유를 함유하지 않은 제품의 제품명으로 '라테'는 적합하지 않다.
(식품안전나라 식품 표시·광고 FAQ 339번) / (식품 등의 표시·광고에 관한 법률 제8조)

Ⅱ

수입 식품법
등 관계 법령

제1장 검사 관련 규정
제2장 해외 작업장 등록 관련 규정

수입 식품 안전 관리 특별법(약칭: 수입 식품법)은 수입 식품 등의 안전성을 확보하고 품질의 향상을 도모하며 올바른 정보를 제공함으로써 건전한 거래 질서 및 국민의 건강 증진에 이바지하는 것을 목적으로 한다(제1조). 본 파트에서는 수입 식품법과 그 관계 법령들을 실무적 관점에서 확인해 본다.

〈법령 체계도〉 수입식품안전관리 특별법

〈법률〉 수입식품안전관리 특별법 [시행 2022. 12. 11.] [법률 제18965호, 2022. 6. 10., 일부 개정]
〈시행령〉 수입식품안전관리 특별법 시행령 [시행 2022. 2. 18.] [대통령령 제32444호, 2022. 12. 12., 일부 개정]
〈시행규칙〉 수입식품안전관리 특별법 시행 규칙 [시행 2022. 12. 12.] [총리령 제1837호, 2022. 12. 12., 일부 개정]
행정규칙
〈예규〉축산물 수입위생평가 절차의 세부 기준 [시행 2021. 11. 4.] [예규 제170호, 2021. 11. 4., 일부개정]
〈예규〉해외작업장 등록에 관한 규정 [시행 2018. 9. 19.] [예규 제118호, 2018. 9. 19., 제정]
〈고시〉수입 식품등 검사에 관한 규정 [시행 2023. 1. 1.] [고시 제2022-25호, 2022. 3. 31., 타법개정]
〈고시〉수입 축산물 신고 및 검사 등에 관한 규정 [시행 2023. 1. 1.] [고시 제2022-25호, 2022. 3. 31., 타법개정]
〈고시〉수입건강기능식품 검사에 관한 규정 [시행 2021. 6. 8.] [고시 제2021-46호, 2021. 6. 8., 일부개정]
〈고시〉수입김치 안전관리인증기준 운영 규정 [시행 2023. 1. 1.] [고시 제2022-25호, 2022. 3. 31., 타법개정]
〈고시〉수입수산물 검사에 관한 규정 [시행 2023. 1. 1.] [고시 제2022-25호, 2022. 7. 11., 타법개정]
〈고시〉수입식품 안전관리인증기준 운영 규정 [시행 2023. 1. 1.] [고시 제2022-25호, 2022. 3. 31., 타법개정]
〈고시〉수입식품등 영업자 교육 및 교육기관 지정·운영 등에 관한 규정 [시행 2019. 6. 12.] [고시 제2019-39호, 2019. 5. 16., 일부개정]
〈고시〉수입식품등 정보수집요원 운영에 관한 규정 [시행 2019. 7. 15.] [고시 제2019-60호, 2019. 7. 15., 일부개정]
〈고시〉식품 등 이력추적관리기준 [시행 2022. 6. 15.] [고시 제2022-43호, 2022. 6. 15., 일부개정]
〈고시〉우수수입업소 등록 및 관리 기준 [시행 2021. 7. 8.] [고시 제2021-60호, 2021. 7. 8., 일부개정]
〈고시〉특별위생관리식품의 수입위생요건 등에 관한 고시 [시행 2020. 11. 23.] [고시 제2020-112호, 2020. 11. 23., 일부개정]
〈고시〉해외식품 위생평가기관 업무에 관한 규정 [시행 2017. 6. 26.] [고시 제2017-54호, 2017. 6. 26., 제정]
〈고시〉해외제조업소 및 해외작업장 현지실사 방법 및 기준 [시행 2023. 1. 1.] [고시 제2022-25호, 2022. 3. 31., 타법개정]
〈행정규칙〉

	식품의약품안전처 소관 법령에 따른 행정처분 및 과태료의 가중처분에 관한 세부 지침 [시행 2022. 12. 5.] [예규 제184호, 2022. 12. 5., 제정]
	〈고시〉수입식품 신고포상금 지급에 관한 규정 [시행 2022. 2. 18.] [고시 제2022-15호, 2022. 2. 18., 제정]
	〈고시〉특별위생관리식품의 수입위생요건 등에 관한 고시 [시행 2020. 11. 23.] [고시 제2020-112호, 2020. 11. 23., 일부개정]
〈행정규칙〉	
	〈고시〉네덜란드산 쇠고기 수입위생요건 [시행 2019. 5. 3.] [고시 제2019-35호, 2019. 5. 3., 제정]
	〈고시〉덴마크산 쇠고기 수입위생요건 [시행 2019. 5. 3.] [고시 제2019-36호, 2019. 5. 3., 제정]
	〈고시〉리투아니아산 가금육 수입위생요건 [시행 2020. 8. 26.] [고시 제2020-74호, 2020. 8. 26., 제정]
	〈고시〉수입 식품등 검사에 관한 규정 [시행 2023. 1. 1.] [고시 제2022-25호, 2022. 3. 31., 타법개정]
	〈고시〉수입 축산물 신고 및 검사 등에 관한 규정 [시행 2023. 1. 1.] [고시 제2022-25호, 2022. 3. 31., 타법개정]
	〈고시〉수입건강기능식품 검사에 관한 규정 [시행 2021. 6. 8.] [고시 제2021-46호, 2021. 6. 8., 일부개정]
	〈고시〉수입김치 안전관리인증기준 운영 규정 [시행 2023. 1. 1.] [고시 제2022-25호, 2022. 3. 31., 타법개정]
	〈고시〉수입수산물 검사에 관한 규정 [시행 2023. 1. 1.] [고시 제2022-25호, 2022. 7. 11., 타법개정]
	〈고시〉수입식품등 검사명령에 관한 규정 [시행 2023. 1. 1.] [고시 제2022-25호, 2022. 3. 31., 타법개정]
	〈고시〉수입식품등 영업자 교육 및 교육기관 지정·운영 등에 관한 규정 [시행 2019. 6. 12.] [고시 제2019-39호, 2019. 5. 16., 일부개정]
	〈고시〉식품, 식품 첨가물, 축산물 및 건강기능식품의 소비기한 설정기준 [시행 2023. 1. 1.] [고시 제2022-31호, 2022. 4. 20., 일부개정]
	〈고시〉주문자상표부착수입식품등의 현지 위생점검 기준 및 위생평가 방법 [시행 2021. 6. 14.] [고시 제2021-47호, 2021. 6. 14., 제정]
	〈고시〉축산물의 수입허용국가(지역) 및 수입위생요건 [시행 2022. 8. 31.] [고시 제2022-64호, 2022. 8. 31., 일부개정]
	〈고시〉태국산 식용란 및 알가공품 수입위생요건 [시행 2019. 5. 22.] [고시 제2019-42호, 2019. 5. 22., 제정]
	〈고시〉핀란드산 가금육, 식용란 및 알가공품 수입위생요건 [시행 2020. 4. 7.] [고시 제2020-22호, 2020. 4. 7., 제정]
	〈고시〉해외식품 위생평가기관 업무에 관한 규정 [시행 2017. 6. 26.] [고시 제2017-54호, 2017. 6. 26., 제정]
	〈고시〉해외제조업소 및 해외작업장 현지실사 방법 및 기준 [시행 2023. 1. 1.] [고시 제2022-25호, 2022. 3. 31., 타법개정]

제1장

검사 관련 규정

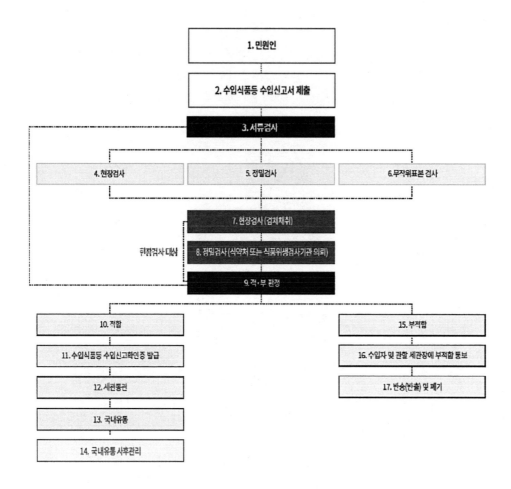

[수입 식품 수입 검사 절차]

　수입 식품 등 신고는 수입자 또는 대행자가 관세청의 전자통관시스템인 UNI-PASS(http://unipass.customs.go.kr)에 로그인을 한 후 통관 단일 창구에 전자 문서로 수입 신고서를 제출한다.
① 통관 단일 창구의 수입 신고서 제출은 요건 신청을 통하여 수입하고자 하는 식품 등의 정보를 전자 문서로 작성·제출하는 것이며, 제출한 정보는 통관 장소를 관할하는 지방 식품의 약품안전청에 접수되어 국내 식품 등의 기준 및 규격 적합 여부를 검사함
② 검사 결과 적합한 제품은 국내로 반입·유통할 수 있으며, 부적합 제품은 수출국으로 반송 및 다른 나라로의 반출 또는 폐기하여야 함

자료: 2022 수입 식품 등 검사연보(식약처) 편집

수입 식품 등의 검사 방법

본 절에서는 수입식품법 시행 규칙 [별표 9][98] 수입 식품 등의 검사 방법(규칙 제30조 관련)에 관해 확인해 본다.

1. 신고가 필요하지 않은 수입 식품 등[99]

신고가 필요하지 않은 수입 식품 등

---

① 우리나라에 있는 외국의 대사관·공사관·영사관 그 밖의 이에 준하는 기관에서 수입하는 공용의 수입 식품 등 또는 그 기관에 소속된 공무원 및 그 가족이 수입하는 자가 소비용 수입 식품 등

---

98) 〈개정 2022. 3. 2.〉
99) 식품 등이라 함은 식품, 식품 첨가물, 기구 또는 용기·포장을 말한다.

② 여행자가 휴대한 것 또는 국제 우편물·국제 특송 화물[100] 등으로서 자가 소비용으로 인정

　할 수 있는 수입 식품 등

③ 무상으로 반입하는 상품의 견본 또는 광고 물품으로서 그 표시가 명확한 수입 식품 등

④ 외국의 경제 수역에서 해당 국가 선박과의 공동 어업으로 포획·채취하여 우리나라 선박에

　서 냉동 또는 가공된 수산물

⑤ 식품 등의 채취·제조 또는 가공에 사용하는 기계류와 그 부속품

⑥ 식품 첨가물을 제조하는데 사용하는 비식용 원료

⑦ 정부 또는 지방 자치 단체가 직접 사용하는 수입 식품 등

⑧ 「관세법」 제239조[101]제1호에 따라 선용품·기용품 또는 차량 용품을 운송 수단 안에서 그

　용도에 따라 소비 또는 사용하는 경우로서 관세청장이 수입으로 보지 아니하는 수입 식품

　등

⑨ 무상으로 반입하는 선천성 대사 이상 질환자용 식품

⑩ 기구 또는 용기·포장을 제조하는 데에 사용하는 원료

⑪ 그 밖에 식약처장이 위생상 위해 발생의 우려가 없다고 인정하는 수입 식품 등[102]

---

100)　수입 식품 등 인터넷 구매 대행업의 영업 등록을 한 자에게 요청하여 수입하는 경우는 제외한다.

101)　제239조(수입으로 보지 아니하는 소비 또는 사용)

102)　① 단순히 운반 또는 다른 용기의 받침대로 사용하는 끈·쟁반·진받침대

　　② 장식용으로 사용하는 기구 또는 용기(단, 식품의 기구 또는 용기로 사용할 수 없으며, 식품의 기구 또는 용기로 사용할
　　　때에는 인체에 해로울 수 있다는 내용을 제품의 수명이 다할 때까지 지워지지 않고 보이기 쉬운 곳에 명확히 표기된 경
　　　우에 한함)

　　③ 「선박 안전법」 제18조에 따라 형식승인 및 검정을 받은 구난 식량

　　④ 「관세법」 제154조에 따른 보세 전시장의 운영자가 박람회 등의 행사에서 홍보 및 시식용으로 사용하기 위하여 전시 용
　　　품 또는 증여 물품으로 반입 신고 하는 수입 식품 등. 다만, 증여 물품의 경우 무상 제공의 표시가 명확한 것에 한한다.

　　⑤ 국내에서 제조하여 해외 박람회 등에 전시를 하고, 재수입되는 기구 또는 용기·포장
　　　식약처 고시 「수입 식품 등 검사에 관한 규정」 제7조

2. 검사의 종류 및 그 대상

가. 서류 검사 및 대상

서류 검사란 신고 서류 등을 검토하여 그 적합 여부를 판단하는 검사를 말하며, 다음의 수입 식품 등을 대상으로 한다. 다만, 법 제7조에 따른 우수 수입 업소로 등록한 자가 최근 3년간 연평균 5회 이상(매년 수입 실적이 있는 경우로 한정) 수입 신고 한 품목으로서 최근 3년간 법 제21조 또는 법 제25조에 따른 검사 결과 부적합 이력이 없는 경우에는 식약처장이 정하여 고시하는 절차에 따라 서류 검사를 생략할 수 있다.

대상

---

① 「대외무역법 시행령」 제26조[103]에 따라 외화 획득용으로 수입하는 수입 식품 등. 다만, 같은 조 제1항 제3호에 따라 관광용으로 수입하는 수입 식품 등은 제외한다.

② 자사 제품 제조용 원료[104]로 수입하는 다음의 어느 하나에 해당하는 수입 식품 등

1) 식품 제조·가공업, 식품 첨가물 제조업의 영업 등록을 한 자, 용기·포장류 제조업의 영업 신고를 한 자, 건강 기능 식품 제조업의 영업 허가를 받은 자, 축산물 가공업의 영업

---

103) 제26조(외화 획득의 범위) ①법 제16조제4항에 따른 외화 획득의 범위는 다음 각 호의 어느 하나에 해당하는 방법에 따라 외화를 획득하는 것으로 한다. 〈개정 2008. 2. 29., 2013. 3. 23.〉
　　1. 수출
　　2. 주한 국제 연합군이나 그 밖의 외국군 기관에 대한 물품 등의 매도
　　3. 관광
　　4. 용역 및 건설의 해외 진출
　　5. 국내에서 물품 등을 매도하는 것으로서 산업통상자원부장관이 정하여 고시하는 기준에 해당하는 것
　　② 무역 거래자가 외국의 수입 업자로부터 수수료를 받고 행한 수출 알선은 제1항에 따른 외화 획득 행위에 준하는 행위로 본다.
104) 자사의 제품을 생산하기 위하여 직접 또는 위탁하여 수입하는 수입 식품 등 또는 식품 등을 직접 제조·가공하지 아니하고 다른 사람에게 의뢰하여 제조·가공된 식품 등을 자신의 상표로 유통·판매하는 영업을 하는 자가 자신이 제조·가공을 의뢰한 제품의 원료를 말한다.

허가를 받은 자가 수입하는 식품 등

2) 건강 기능 식품 제조업의 영업 허가를 받은 자가 수입하는 건강 기능 식품

3) 축산물 가공업, 식육 포장 처리업의 영업 허가를 받은 자, 식품 제조·가공업, 식품 첨가물 제조업의 영업 등록을 한 자, 건강 기능식품 제조업의 영업 허가를 받은 자가 수입하는 축산물

4) 식품·식품 첨가물·건강 기능 식품·축산물을 직접 제조·가공하지 아니하고 다른 사람에게 의뢰하여 제조·가공된 식품·식품 첨가물·건강 기능 식품·축산물을 자신의 상표로 유통·판매하는 영업을 하는 자가 수입하는 수입 식품 등

③ 연구·조사에 사용하는 수입 식품 등[105]

④ 정부·지방 자치 단체 또는 그 대행 기관에서 수입하는 수입 식품 등[106]

⑤ 식용 향료(조합 향료 및 단일 성분의 착향료를 포함한다)

⑥ 식품 또는 식품 첨가물에 접촉되는 재질이 돌 또는 착색되지 아니한 유리제[107], 그 밖에 천연의 원재료로 만들어져 위해 우려가 없는 기구 및 용기·포장

⑦ 정밀 검사를 받은 것 중 별표 10 제4호의 동일사 동일 수입 식품 등의 조건을 충족하는 것으로서 다시 수입하는 수입 식품 등. 다만, 아래 '다. ②·③'에 해당하는 수입 식품 등으로서 정밀 검사를 받아야 하는 횟수 또는 기간이 남은 수입 식품 등(아래 '다.②.2).(1)'에 따라 정밀 검사 하는 경우 대상으로 정하지 않은 수입 식품 등은 포함하지 않는다)은 제외한다.

⑧ 외화 획득을 위한 박람회·전시회 등에 전시(소비자·관람자 등에게 제공·판매하는 것은 포함하지 않는다)하기 위하여 수입하는 수입 식품 등

⑨ 판매를 목적으로 하는 선천성 대사 이상 질환자용 식품

⑩ 정제·가공을 거쳐야만 하는 식품, 식품 첨가물 또는 축산물의 원료

---

105) 「건강기능식품에 관한 법률」 제14조 제2항 및 법 제15조 제2항의 규정에 따라 건강 기능 식품이나 원료 또는 성분으로 인정받기 위하여 수입하는 일정량의 연구·조사용 제품을 포함한다.
106) 「식품·의약품분야 시험·검사 등에 관한 법률」 제6조에 따라 식약처장이 지정한 축산물 시험·검사 기관, 식품 전문 시험·검사 기관, 같은 조 제4항 단서에 따라 총리령으로 정하는 시험·검사 기관 또는 같은 법 제8조에 따른 국외 시험·검사 기관에서 발행한 시험·검사 성적서를 제출하는 경우만 해당한다.
107) 가열 조리용 유리제 및 납 함유 크리스털 유리제는 제외한다.

⑪ 재가공하여 사용하는 기구 또는 용기·포장

⑫ 외국으로부터 반송된 수입 식품 등 중 다음의 어느 하나에 해당하는 수입 식품 등

    1) 국내에서 재가공하여 수출하려는 수입 식품 등

    2) 국내에 유통 중인 제품과 동일한 제품으로서 그 반송사 유가 수입 식품 등의 변질이나

       위생상 위해가 아닌 수입 식품 등

⑬ 정밀 검사 결과 부적합 판정을 받은 이력이 없는 수입 식품 등 중 안전성이 확보되었다고

    식약처장이 인정하는 수입 식품 등

⑭ 농산물·임산물·수산물(식품의 원료로 사용되는 경우만 해당) 중 정밀 검사를 받아 수입된 후

    「남북 교류 협력에 관한 법률」에 따라 군사 분계선 이북 지역으로 반출하여 단순 가공 하

    고 같은 법에 따라 통일부 장관의 승인을 받아 군사 분계선 이남 지역에 반입하려는 식품

⑮ 구매 대행 수입 식품 등

나. 현장 검사 및 대상

현장 검사란 제품의 성질·상태·맛·냄새·색깔·표시·포장 상태 및 정밀 검사 이력 등
을 종합하여 그 적합 여부를 판단하는 검사로서, 식약처장이 별도로 정하는 기준과 방
법에 따라 실시하는 관능검사[108]를 포함하며 다음의 수입 식품 등을 대상으로 한다. 다
만, 법 제7조에 따른 우수 수입 업소로 등록한 자가 최근 3년간 연평균 5회 이상(매년 수
입 실적이 있는 경우로 한정한다) 수입 신고 한 품목으로서 최근 3년간 법 제21조 또는 법
제25조에 따른 검사 결과 부적합 이력이 없는 경우에는 식품의약품안전처장이 정하여
고시하는 절차에 따라 현장 검사를 생략할 수 있다.

---

108)   인간의 오감(五感)에 의하여 평가하는 제품검사

대상

---

① 농산물·임산물·수산물·축산물로서 식품의 기준 및 규격이 설정되지 아니한 것[109]

② 서류 검사 대상 중 지방식품의약품안전청장(이하 지방 청장)이 현장 검사가 필요하다고 인정하는 수입 식품 등

③ 「관세법」 등 다른 법률에 따라 보세 구역 안에서 압류·몰수하여 검사 요구한 것으로서 그 물량이 시행 규칙 별표 12에서 정한 수거량의 10배 이하인 수입 식품 등(건강 기능 식품은 제외)

다. 정밀 검사 및 대상

정밀 검사란 물리적·화학적 또는 미생물학적 방법에 따라 실시하는 검사로서 서류 검사 및 현장 검사를 포함하며, 다음의 수입 식품 등을 대상으로 한다.

대상

---

① 아래 제2절 1에 따른 1등급 수입 식품 등

② 아래 제2절 2에 따른 2등급 수입 식품 등

　1) 아래 제2절 2.①에 해당하는 경우에는 식약처장이 별도로 검사 횟수 또는 기간을 정하여 실시한다.

　2) 아래 제2절 2.②에 해당하는 경우에는 다음의 기준에 따라 합산하여 5회까지 실시한다.

---

109)　식품 첨가물이나 다른 원료를 사용하지 아니하고 원형을 알아볼 수 있는 정도로 단순히 자르거나 껍질을 벗기거나 말리거나 소금에 절이거나 숙성하거나 가열하거나 냉동하는 등 가공과정을 거쳐도 식품의 상태를 오감으로 확인할 수 있도록 처리한 것을 포함한다.

⑴ 부적합 처분을 받은 날부터 1년 이내에 재수입되는 수입 식품 등: 임의로 정밀 검사 대상을 정하여 실시할 수 있다.

⑵ 부적합 처분을 받은 날부터 1년을 초과하여 재수입되는 수입 식품 등: 수입 신고 횟수를 기준으로 실시한다.

③ 아래 제2절 3에 따른 3등급 수입 식품 등

1) 규칙 제26조 제1항 제3호 가목[110] 및 나목[111]에 해당하는 자가 수입하는 수입 식품 등의 경우에는 그 수입자가 제26조 제1항 제3호 가목 및 나목에 해당하는 기간 동안 실시한다.

2) 규칙 제26조 제1항 제3호 다목[112]에 해당하는 자가 수입하는 수입 식품 등의 경우에는 제품별 수입 신고 횟수를 기준으로 연속하여 10회 실시한다.

3) 아래 제2절 '3.호②'에 해당하는 수입 식품 등의 경우에는 부적합 처분을 받은 날부터 2년 동안 실시한다.

④ 구매 대행 수입 식품 등으로서 위해 식품 등[113]에 해당한다고 의심되는 수입 식품 등. 이 경우 구매 대행을 요청한 자의 동의를 미리 받아야 한다.

⑤ 수입 신고 위반 사항에 대한 보완 지시를 이행하지 아니하고 다시 수입 신고 하였거나 수입 신고가 반려된 횟수를 합산하여 3회 이상인 자가 수입하는 수입 식품 등

라. 무작위 표본 검사 및 그 대상

무작위 표본 검사란 식약처장의 표본 추출 계획에 따라 물리적·화학적 또는 미생물학

---

110) 별표 13 II. 개별 기준의 제3호 나목1)·2)·4)·5) 및 같은 II. 개별 기준의 제8호 바목에 따라 행정 처분을 받아 그 효력이 발생한 날(영업 정지 처분을 갈음하여 과징금을 부과하는 경우에는 과징금 처분을 받은 날)부터 1년이 지나지 않은 자
111) 제34조 제1항 각 호의 어느 하나에 해당하는 조치를 위반한 후 1년이 지나지 아니한 자
112) 별표 8 제2호 저목부터 커목까지 또는 같은 표 제3호 나목부터 라목까지를 위반하여 행정 처분을 받고 불복 절차가 진행 중인 자로서 계속하여 영업을 하는 자
113) 위해 식품 등이라 함은 「식품 위생법」 제4조부터 제6조까지 및 같은 법 제8조, 「건강기능식품에 관한 법률」 제23조 및 제24조, 「축산물 위생관리법」 제15조의 2에 따른 위해 식품 등에 해당한다고 의심되는 수입 식품 등을 말한다.

적 방법으로 실시하는 검사로서 서류 검사 및 현장 검사를 포함하며, 다음의 수입 식품 등을 대상으로 한다. 다만, 법 제7조 따른 우수 수입 업소에서 등록한 수입 식품 등 또는 법 제8조에 따른 해외 우수 제조 업소에서 등록한 수입 식품 등은 제외할 수 있다.

대상

---

① 정밀 검사를 받은 수입 식품 등이나 서류 검사 또는 현장 검사 대상인 수입 식품 등 중 수입 식품 등의 종류별 위해도 등을 고려하여 표본 추출 계획에 따라 검사가 필요하다고 인정하는 수입 식품

② 수입 식품 안전 관리에 필요한 정보를 수집하기 위하여 검사가 필요하다고 인정하는 수입 식품 등

3. 수입 식품 등의 검사 기관

수입 식품 등의 검사 기관

---

① 수입 신고인이 시험·검사 기관[114]에 검사를 의뢰한 경우에는 해당 시험·검사 기관이 정한 검사 수수료나 지방 자치 단체의 조례 등에서 정한 수수료를 해당 시험·검사 기관에 직접 납부하여야 한다.

② 보세 구역 등에서 수입 식품 등의 검사를 할 경우에는 그 권한을 표시하는 증표를 제시하여야 한다.

③ 지방청장[115]은 수입 식품 등에 대하여 그 검사 결과의 확인 전에 해당 수입 식품 등이 유출될 우려가 있다고 판단되는 경우에는 봉인 등 필요한 조치를 취할 수 있다.

④ 식약처장이 고시한 수입 최소량[116] 미만으로 수입되어 정밀 검사 한 동일사 동일 수입 식품 등이라도 그 후 수입 신고 한 수입 식품 등이 수입 최소량 이상인 경우에는 새로이 정밀 검사를 실시하여야 한다.

---

114) 「식품·의약품 분야 시험·검사 등에 관한 법률」 제6조에 따라 식약처장이 지정한 축산물 시험·검사 기관, 식품 전문 시험·검사 기관 또는 같은 조 제4항 단서에 따라 총리령으로 정하는 시험·검사 기관
115) 지방식품의약품안전청장
116) 신고 중량으로 100kg을 말한다. 식약처 고시 「수입 식품 등 검사에 관한 규정」 제14조

수입 식품 등의 구분 기준

본 절에서는 수입 식품법 시행 규칙 [별표 10][117] 수입 식품 등의 구분 기준(규칙 제32조 관련)에 관해 확인해 본다.

---

117) 〈개정 2022. 3. 2.〉

1. 1등급 수입 식품 등

1등급 수입 식품 등

---

① 다음에 따라 수입된 수입 식품 등(축산물의 경우 자사 제품 제조용 원료를 포함한다)

    1) 최초로 수입된 수입 식품 등

    2) 최초로 수입되어 정밀 검사를 받은 후 기준 및 규격이 신설 또는 강화된 수입 식품 등

    3) 최초로 수입되어 정밀 검사를 받은 후 아래 4.에 따른 기간이 경과하여 동일사 동일 수
입 식품 등[118]의 조건을 충족하지 않는 수입 식품 등

② 외국으로부터 반송된 수입 식품 등(서류 검사에 해당하는 경우는 제외)

③ 앞 절에 따른 현장 검사 결과 지방청장이 정밀 검사가 필요하다고 인정하는 수입 식품 등

---

118) 아래 4. 동일사 동일 수입 식품 등 참고

2. 2등급 수입 식품 등

2등급 수입 식품 등

① 국내외 식품 안전 정보 등에 따라 문제가 제기되어 식약처장이 정밀 검사가 필요하다고
인정하는 수입 식품 등

② 정밀 검사, 무작위 표본 검사 또는 수거 검사 결과 부적합 처분을 받은 후 다시 수입되는
경우로서 아래 동일사 동일 수입 등에서 열거하는 어느 하나에 해당하는 수입 식품 등

3. 3등급 수입 식품 등

3등급 수입 식품 등

---

① 규칙 제26조 제1항 제3호[119]에 해당하는 자가 수입하는 수입 식품 등

② 식약처장이 정하여 고시하는 유해 물질[120]이 검출된 수입 식품 등의 해외 제조 업소[121]에

서 제조 또는 수출하는 것으로서 부적합 처분을 받은 날부터 2년 이내에 수입하는 수입

식품 등

---

119) 「식품 등의 표시·광고에 관한 법률」 제16조제1항에 따라 영업정지 처분을 받은 영업자
120) 식약처정이 정하는 유해물질
　　　1.「식품의 기준 및 규격」제2.식품일반에 대한 공통기준 및 규격, 3.식품일반의 기준 및 규격의 8)(1) ① 식품 중 검출되어서
　　　　는 아니되는 물질과 10)(1)①,②,③에 해당하는 발기부전치료제·당뇨병치료제·비만치료제 등과 화학구조가 근원적으
　　　　로 유사한 합성물질과 ④기타 의약품 성분
　　　2.「식품 첨가물의 기준 및 규격」에 고시되지 아니한 화학적 합성품
　　　3. 그 밖에 「식품위생법」 제57조에 따른 식품위생심의위원회에서 인체에 심각한 위해가 있다고 인정하는 물질
　　　　식약처 고시 「수입식품등 검사에 관한 규정」 제13조3
121) 농산물·임산물·수산물의 경우 수출업소, 축산물의 경우 해외작업장을 말한다.

4. 동일사 동일 수입 식품 등

동일사 동일 수입 식품 등

---

① 식품(농산물·임산물·수산물은 제외) 또는 식품 첨가물: 제조국·해외 제조 업소·제품명·제조 방법 및 원재료명이 같은 것으로서 앞 '1.①.1).3)'에 해당하여 정밀 검사를 받은 후 5년(최초 수입에 따른 정밀 검사 후 수입 신고 확인증을 발급받은 날부터 기산하되, 식품의약품안전처장이 정하는 중점 검사 항목에 대한 무작위 표본 검사를 받은 경우에는 무작위 표본 검사를 받은 후 수입 신고 확인증을 발급받은 날부터 기산한다. 이하 나목부터 마목까지 같다.) 이내에 다시 수입된 것. 다만, 주류[122]의 제품명은 제품명에 포함된 제조 연도, 숙성 연도 또는 알코올 도수가 다른 경우에도 같은 제품명으로 본다.

② 농산물·임산물·수산물: 생산국·품명·수출 업소 및 포장 장소(수산물은 제외)가 같은 것으로서 1등급 수입 식품 등 중 '1), 3)'에 해당하여 정밀 검사를 받은 후 5년 이내에 다시 수입된 것

③ 기구 또는 용기·포장: 제조국·해외 제조 업소·재질 및 바탕 색상이 같은 것으로서 앞 '1.①.1).3)'에 해당하여 정밀 검사를 받은 후 5년 이내에 다시 수입된 것[123]

④ 건강 기능 식품: 제조국·해외 제조 업소·제품명·제조 방법·원료 및 주원료의 배합 비율이 같은 것으로서 앞 '1.①.1).3)'에 해당하여 정밀 검사를 받은 후 5년 이내에 다시 수입된 것

⑤ 축산물: 식육·원유·식용란은 생산국·품목·해외 작업장(제조·가공장)이 같은 것으로서 앞

---

122) 「주세법」 제5조에 따른 주류를 말한다.
123) 기구 또는 용기·포장의 수입 신고 서류 확인
　　① 수입 신고 하는 기구 또는 용기·포장을 구성하는 각 부품에 대한 사진, 재질, 바탕 색상 및 해당 부품의 해외 제조 업소 정보가 포함된 서류. 다만, 각 부품을 제조한 해외 제조 업소는 법 제5조에 따라 해외 제조 업소로 사전에 등록되어 있어야 한다.
　　② 해당 부품의 재질에 대한 기준이 신설 또는 강화된 경우에는 동일사 동일 수입 식품 등으로 인정하지 아니한다.
　　식약처 고시 「수입 식품 등 검사에 관한 규정」 제8조의3

'1.①.1).3)'에 해당하여 정밀 검사를 받은 후 5년 이내에 다시 수입된 것을, 그 외의 축산물은

생산국·해외 작업장(제조·가공장)·제품명·가공 방법 및 원재료명이 같은 것으로서 앞

'1.①.1).3)'에 해당하여 정밀 검사를 받은 후 5년 이내에 다시 수입된 것

수입식품등 검사에 관한 규정[124]

이 고시는 「수입식품법」 제20조, 제21조, 같은 법 시행 규칙 제27조, 제28조, 제30조부터 제32조 및 제34조에 따라 판매를 목적으로 하거나 영업 상 사용하기 위하여 수입하는 식품(축산물·수산물은 제외다), 식품 첨가물, 기구 또는 용기·포장의 검사에 관한 세부 처리 지침을 정함으로써 검사 업무의 형평성·공정성·신속성·투명성 및 효율성을 도모함을 그 목적으로 한다(제1조).

---

124) [시행 2023. 1. 1.] [식품의약품안전처고시 제2022-25호, 2022. 3. 31., 타 법 개정.]

1. 사전 수입 신고의 처리

사전 수입 신고의 처리

---

① 지방청장은 시행 규칙 제27조 제1항[125]에 따라 도착 예정일 5일 전부터 미리 수입 신고 한 식품 등에 대하여는 보세 구역 등에의 반입 전까지 서류 검사를 완료하고, 반입 즉시 서류 검사 대상에 해당되는 식품 등에 대하여는 수입 식품 등의 수입 신고 확인증을 교부하여야 하며, 현장 검사, 정밀 검사 또는 무작위 표본 검사 대상인 경우 해당되는 검사를 실시 하고 그 검사에 필요한 검체를 채취하여야 한다.

② 입고 사실의 확인은 전화, 모사 전송(FAX), 서류 등으로 확인할 수 있으며, 미리 신고한 도착 예정일보다 늦게 도착하는 경우 그 지연 기간은 수입 신고 처리 기간에 산입하지 아니 한다.

③ ①에도 불구하고 선박의 벌크 농산물에 대하여는 보세 구역 등에의 반입전에 현장 검사, 정밀 검사 또는 무작위 표본 검사를 실시할 수 있다. 다만, 수입 신고 확인증은 수입 검사 가 완료되고 보세 구역 등에의 반입이 완료된 경우 교부하여야 한다.

---

125) 법 제20조 제1항에 따라 수입 신고를 하려는 자(수입 식품 등 인터넷 구매 대행 업자는 제외한다)는 별지 제25호 서식의 수입 식품 등의 수입 신고서에 다음 각 호의 서류를 첨부하여 수입 식품 등의 통관 장소를 관할하는 지방청장에게 제출해 야 한다. 이 경우 수입 식품 등의 도착 예정일 5일 전부터 미리 신고할 수 있으며, 미리 신고한 도착항, 도착 예정일, 반입 장소 및 반입 예정일 등 주요 사항이 변경되는 경우에는 즉시 그 내용을 문서로 신고해야 한다.

2. 유통 관리 대상 식품 등

유통 관리 대상 식품 등

---

① 시행 규칙 제34조 제2항에 따른 유통관리 대상 식품 등은 다음과 같다.

   1) 자사 제품 제조용 원료

   2) 연구·조사에 사용하는 식품 등

   3) 「대외무역법 시행령」 제26조[126)]에 따라 외화 획득용으로 수입하는 식품 등. 다만, 같은

     조 제1항 제3호에 따라 관광용으로 수입하는 식품 등은 제외.

   4) 그 밖에 지방청장이 유통 관리가 필요하다고 인정한 식품 등

② 유통 관리 대상 식품 등에 대한 수입 신고를 받은 경우에는 신고 수리를 할 때마다 그 내역을 수입 신고인의 영업소 소재지를 관할하는 영업 허가(등록·신고) 기관의 장에게 통보하여야 한다. 다만, '1) 및 4)'의 경우에는 주 1회 간격으로 통보할 수 있다.

③ ②에 따라 통보받은 영업 허가(등록·신고) 기관의 장은 해당 식품 또는 식품 첨가물이 수입 신고 한 용도 등에 적합하게 사용되었는지 확인·점검을 실시하고, 분기별로 유통 관리를 요청한 지방청장에게 통보한다. 다만, 위반 사항이 적발된 경우에는 행정 처분 등의 조치를 취한 후 위반 내용, 처분 결과를 즉시 유통 관리를 요청한 지방청장에게 통보한다. 다만, 위반 사항이 적발된 경우에는 행정 처분 등의 조치를 취한 후 위반 내용, 처분 결과를 즉시 유통 관리를 요청한 지방 청장에게 통보한다.

---

126) 제26조(외화 획득의 범위) ①법 제16조 제4항에 따른 외화 획득의 범위는 다음 각 호의 어느 하나에 해당하는 방법에 따라 외화를 획득하는 것으로 한다. 〈개정 2008. 2. 29., 2013. 3. 23.〉
    1. 수출
    2. 주한 국제 연합군이나 그 밖의 외국군 기관에 대한 물품 등의 매도
    3. 관광
    4. 용역 및 건설의 해외 진출
    5. 국내에서 물품 등을 매도하는 것으로서 산업통상자원부장관이 정하여 고시하는 기준에 해당하는 것
    ② 무역 거래자가 외국의 수입 업자로부터 수수료를 받고 행한 수출 알선은 제1항에 따른 외화 획득 행위에 준하는 행위로 본다.

④ '①.4)'에 따라 외화 획득용 식품 등을 수입한 자는 수출 후 14일 이내에 외화 획득용 식품 등을 이용하여 제조·가공한 식품 등을 수출하였다는 증빙 서류를 영업 허가(등록·신고)를 받은 기관의 장에게 제출하여야 한다.

3. 동일사 동일 수입 식품 등의 인정 범위

동일사 동일 수입 식품 등의 인정 범위

농·임산물 중 제품명을 세분하여 수입 신고 하더라도 앞의 '제2절 4.②' 중 품명을 제외한 나머지 조건을 충족하고 수출국의 포장 장소 번지까지 일치하는 경우 동일사 동일 수입 식품 등으로 인정한다.

예) 대두: SOY BEAN, BLACK BEAN, WHITE BEAN

밀: SOFT WHITE WHEAT, HARD RED WINTER WHEAT, DARK NORTHERN SUN

SPRING WHEAT 등

4. 표시 기준 등의 확인

가. 표시 위반 사항에 대한 보완

시행 규칙 제31조 제1항 제3호에 따른 표시 기준을 위반한 정도가 경미하여 통관 후 시중에 유통·판매하기 전에 그 위반사항을 보완할 수 있다.

표시 위반 사항에 대한 보완

---

① 포장지 재질을 표시하지 않은 경우

② 보존 및 보관상 주의사항을 표시하지 않은 경우

③ 식품 첨가물 용도를 표시하지 않은 경우

④ 권장 섭취량 및 섭취 방법을 표시하지 않은 경우

⑤ 냉장, 건조, 분말, 살균, 멸균 제품으로 표시하지 않은 경우

⑥ 사용 농도 및 희석 배수를 표시하지 않은 경우

⑦ 정해진 기준의 활자 크기보다 작게 표시한 경우

⑧ 표시 기준 관련 규정 개정 사항이 반영되지 않은 경우

⑨ 수출국에서 표시한 주요 표시 사항 일부를 가리는 경우

⑩ 영양·기능 정보의 단위(예: kg, ㎎, ㎍ 등)를 누락한 경우

⑪ 그 밖에 명백한 오탈자 등 「식품표시광고법」 제4조의 위반한 정도가 경미하여 통관 후 시중에 유통·판매하기 전에 그 위반 사항을 보완할 수 있는 경우

나. 수입 신고서 반려

수입 신고서 반려

① 「식품표시광고법」에 따른 표시 사항이나 수출국에서 표시한 표시 사항이 해당 식품 등 최
소 판매 단위 포장에 전혀 표시되어 있지 아니하거나,

② 수출국의 표시 사항이 전혀 표시되어 있지 아니한 식품 등. 다만, 한글로 표시된 용기·포
장으로 포장한 경우에는 그러하지 아니한다.

③ ①, ②에 따라 반려된 식품 등 중 「식품 등의 표시 기준」에 따른 표시 사항이 전혀 없는 경
우는 표시 사항을 보완하여 재수입 신고 할 수 있다. 다만, 수출국의 표시 사항이 전혀 표
시되어 있지 아니한 식품 등은 재수입 신고 할 수 없다.

5. 수출 반송품, 외화 획득용 및 연구·조사용 식품 등의 수입 신고 시 제출 서류

가. 수출 반송품

수출 후 외국으로부터 반송된 식품등을 수입하고자 하는 자는 수입 신고 시 다음 각 호의 서류를 지방청장에게 제출하여야 한다.

제출 서류
---

① 반송 사유서

② 수출 상대국의 부적합 사유서(수출 상대국에서 부적합된 경우에 한한다)

③ 품목 제조 보고서(수출 상대국에서 부적합된 경우로 식의약품 종합 정보 서비스에서 품목 제조 보고

　서가 확인되지 않는 식품 등에 한한다)

④ 국내 반입 후 계획이 구체적으로 기재된 수출 또는 처리 계획서(제조 가공 업소명, 제조 예정

　일자, 수출 예정국, 수출 예정 일자 등)

나. 외화 획득용 식품 등

의 '2.①.3)'에 따라 외화 획득용 식품 등을 수입하고자 하는 자는 수입 신고 시 국내 반입 후 계획이 구체적으로 기재된 수출 또는 처리 계획서(제조 가공 업소명, 제조 예정 일자, 수출 예정국, 수출 예정 일자 등)를 지방청장에게 제출해야 한다.

다. 연구·조사용 식품 등

연구·조사 목적으로 직접 또는 위탁하여 수입하고자 하는 경우 수입 신고 시 제품에 대한 제조 방법 설명서, 연구·조사 기간, 성분 배합 비율 등을 포함한 연구·조사 계획서를 지방청장에게 제출하여야 한다.

자료: 「수입 식품법」 시행 규칙 별지

[부록 1] 수입 식품 등의 수입 신고서

■ 수입식품안전관리 특별법 시행규칙 [별지 제25호서식] <개정 2022. 3. 2.>   정부24(www.gov.kr)에서도 신청할 수 있습니다.

수입식품등의 수입신고서

※ [ ]에는 해당되는 곳에 √표를 합니다.   (4쪽 중 제1쪽)

신고시기	A: 본신고 [ ] B: 사전신고 [ ]	접수번호				접수일자	년 월 일
신고제품구분	1: 농·임산물 [ ] 2. 수산물 [ ] 3. 축산물 [ ] 4: 가공식품 [ ] 5: 식품첨가물 [ ] 6: 기구 또는 용기·포장 [ ] 7: 건강기능식품[ ]	처리기간	식품등·건강기능식품: 서류검사 2일, 현장검사 3일, 무작위표본검사 5일, 정밀검사 10일 (진균수시험대상 10일, 식품조사처리식품 14일, 가온보존시험대상 15일) 축산물: 서류검사 3일, 현장검사 5일, 무작위표본검사·정밀검사 18일				

	사업자등록번호		성명	
수입신고인 (수입화주)	상호			
	업종		허가(등록·신고)번호	
	주소			
제조 가공업자	사업자등록번호		성명	
	상호			
	업종		허가(등록·신고)번호	
	주소			
수입신고 대행업자	사업자등록번호		성명	
	상호		등록번호	
	주소			

제품명		한글명		유형 또는 품목	
총수량	(단위:)	순중량	kg	과세가격	(단위:US$)
총항수	항번	화물관리번호		선하증권(B/L)번호	
세번부호 (HSK 번호)		용도		성분·재질 및 제조공정: 제2쪽에 기재	

유통기한	년 월 일(제조일)부터 년 월 일까지	
생산국(제조국)		수출국
해외제조업소 [축산물:해외작업장 (포장처리·가공장)]	등록번호	회사명
	주소	
도축장 [축산물만 해당]	등록번호	회사명
	주소	
수출업소		회사명
	주소	
포장장소	등록번호	주소
선적일	년 월 일	선적항
입항일	년 월 일	선명(기명) 국내도착항
검사(반입)장소	보관업 등록번호	상호 (☎ - -)
		성명
		주소

반입일	년 월 일	
검사기관		
이력번호(수입쇠고기 및 수입 돼지고기만 해당함)		
유전자변형식품 표시 여부	표시함[ ], 표시하지 않음 [ ], 해당 없음[ ]	
유기식품등 여부	예[ ], 아니오[ ]	
영유아용으로 표시하여 판매하는 식품 에의 해당 여부	예[ ], 아니오[ ]	
식품조사처리 여부	완제품 조사[ ], 원료조사[ ], 해당 없음[ ]	
주문자상표부착방식 식품 여부	예[ ], 아니오[ ]	
고열량·저영양 식품 해당 여부	예[ ], 아니오[ ], 해당없음[ ]	
고령친화식품 여부	영양성분 조절 식품[ ] 경도조절제품[ ] 점도조절 제품[ ] 해당없음[ ]	
기능성 표시 일반식품 여부	예[ ], 아니오[ ]	
서류검사 또는 현장검사 생략 대상 여부	예[ ], 아니오[ ]	
우수수입업소 등록번호		

「수입식품안전관리 특별법」 제20조 및 같은 법 시행규칙 제27조제1항에 따라 위와 같이 신고합니다.

년   월   일

신고인   (서명 또는 인)

- 168 -

○○지방식품의약품안전청장 귀하

210mm×297mm[백상지(80g/㎡) 또는 중질지(80g/㎡)]

[부록 2] 인터넷 구매 대행 식품 수입 등의 수입 신고서

No.	성분·재질코드	원재료명칭 또는 식품과 접촉하는 재질명칭	배합비율 (%)	No.	성분·재질코드	원재료명칭 또는 식품과 접촉하는 재질명칭	배합비율 (%)
1			·	11			·
2			·	12			·
3			·	13			·
4			·	14			·
5			·	15			·
6			·	16			·
7			·	17			·
8			·	18			·
9			·	19			·
10			·	20			·
제조·가공 공정							

신고인 제출서류

가. 한글표시가 된 포장지(한글표시가 인쇄된 스티커를 붙인 포장지를 포함합니다) 또는 한글표시 내용이 적힌 서류
나. 「식품·의약품분야 시험·검사 등에 관한 법률」 제8조에 따른 국외시험·검사기관이 정밀검사를 하여 발행한 시험·검사성적서(별표 9 제2호다목에 따른 정밀검사 대상 수입식품만 해당합니다)
다. 다음 어느 하나에 해당하는 서류(「식품위생법」 제12조의2에 따른 유전자변형식품등 표시대상에 해당하는 식품으로서 유전자변형식품등임을 표시하지 않은 경우만 해당합니다)
   1) 구분유통증명서
   2) 구분유통증명서와 동등한 효력이 있음을 생산국의 정부가 인정하는 증명서
   3) 「식품·의약품분야 시험·검사 등에 관한 법률」 제6조 및 제8조에 따라 지정되었거나 지정된 것으로 보는 시험·검사기관에서 발행한 유전자변형식품등 표시대상이 아님을 입증하는 시험·검사성적서
라. 법 제20조제4항에 따른 유통기한 설정사유서 또는 제29조에 따른 유통기한 연장사유서(법 제18조제2항에 따른 주문자상표부착수입식품등만 해당합니다)
마. 수출계획서(국내 반입 후 계획이 구체적으로 적혀 있어야 하며, 「대외무역법」에 따라 외화획득용으로 수입하는 경우만 해당합니다)
바. 영업허가 등 인허가 서류 사본 또는 품목제조보고서 사본(「대외무역법」에 따라 외화획득용으로 수입하는 원료나 자사제품 제조용 원료로 수입하는 경우만 해당하며, 전산상으로 확인되는 경우는 제외합니다)
사. 위생증명서 또는 검사증명서(법 제37조 또는 「농수산물품질관리법」 제88조제1항제2호 등에 따라 수출국 정부와 증명서 첨부에 관하여 협약 등을 체결한 국가로부터 수입하는 수산물의 경우만 해당하며, 식품의약품안전처장이 인정하는 통신망을 통하여 수출국 정부기관에서 발급한 증명서를 확인할 수 있는 경우는 제외합니다)
아. 법 제11조제5항에 따른 수출 위생증명서(축산물의 경우만 해당하며, 식품의약품안전처장이 인정하는 통신망을 통하여 수출국 정부기관에서 발급한 증명서를 확인할 수 있는 경우는 제외합니다)
자. 삭제 <2019. 6. 19.>
차. 가목부터 아목까지의 서류 외에 수입식품등의 안전을 확보하기 위해 식품의약품안전처장이 필요하다고 인정하는 다음의 서류
   1) 소해면상뇌증에 감염되지 않은 건강한 반추동물의 원료를 사용했다는 생산국 정부증명서
   2) 다이옥신 잔류량 검사성적서(열처리된 소금을 수입하는 경우만 해당합니다)
   3) 그 밖에 수출국 정부가 발행하는 서류 등 위해정보에 따라 식품의약품안전처장이 식품의약품안전처의 인터넷 홈페이지에 게재하는 서류

유의사항

가. 인터넷으로 수입신고를 하는 경우에는 수입식품등의 수입신고서를 제출하지 않을 수 있으며, 첨부서류를 이미지파일(PDF파일 등)로 첨부할 수 있습니다.
나. 제2쪽 원재료명칭은 제품에 함유된 식품 등 또는 식품첨가물을 말하며, 모든 원재료명을 적되 제품유형의 분류를 위하여 주원료의 성분배합비율과 사용량을 정하고 있는 식품첨가물은 그 사용량이 비율을 적어야 하며, 기구 또는 용기·포장의 경우 식품 등 및 식품첨가물과 직접 접촉하는 부분의 재질코드와 명칭을 적습니다.
다. 검사수수료는 「식품의약품안전처 및 그 소속기관 시험·검사의뢰 규칙」에 따른 수수료에 따릅니다.
라. 유통기한(또는 제조일자)이 여러 개인 제품을 신고하는 경우, 제1쪽 "유통기한"란에는 가장 빠른 유통기한(또는 제조일자)을 적고, 제3쪽에 모든 유통기한(또는 제조일자)별로 각각의 중량, 과세가격을 반드시 적어야 합니다.(다만, 축산물 중 식육·원유·식용란은 제외합니다)
마. 동일모선으로 동일입항일자에 수입한 동일제품은 1건으로 수입신고하여야 합니다. 다만, 축산물·수산물의 경우에는 수입 당시의 선하증권(B/L NO)단위로 하여야 합니다.
바. "수출회사"는 제품을 실제로 수출하는 회사명 및 소재지를 신고하여야 하며, "포장장소"는 해외제조업소의 소재지를 신고하여야 합니다.
사. 유통기한 대신 품질유지기한을 표시가능한 제품을 신고하는 경우에는 제1쪽 및 제3쪽의 유통기한란에 품질유지기한을 기재하여야 하며, 신고인 제출서류 중 가목에는 품질유지기한으로 표시하여 신고하여야 합니다.
아. 유형 또는 품목 기재란에는 농산물, 임산물, 수산물과 축산물 중 식육·원유·식용란에 대해서는 품목을 기재하고, 가공식품, 식품첨가물, 건강기능식품과 축산물 중 식육가공품·유가공품·알가공품은 유형을 기재합니다.
자. 동일한 재질의 기구 또는 용기·포장은 식품과 접촉하는 부위와 그 색상이 다른 경우에도 1건으로 수입신고를 할 수 있습니다. 다만, 한 가지 색상이라도 그 기준 및 규격에 부적합한 경우에는 해당 수입신고는 수리되지 않음을 알려드립니다.

수입신고 처리상황 (지방식품의약품안전청 기재용)

품목분류									
	검사종류					신고확인증발급방법			
현장검사	최초일	년 월 일	보완요구	최초일	년 월 일	사유			
	최종일	년 월 일		최종일	년 월 일				
정밀검사	검사기관		외뢰일	년 월 일	외뢰내용				
			성적일	- 169 - 월 일	성적번호		적합	부적합	
검사결과조치구분									
행정조치내용	사유					통보일		년 월 일	
	세무내용					통보문서번호			

Ⅱ 수입 식품법 등 관계 법령   221

항번호	제품명		총수량	(단위:)
	한글명		순중량	(단위: kg)
	화물관리번호		과세가격	(단위:US$)
	유통기한	년 월 일(제조일)부터 년 월 일까지		
항번호	제품명		총수량	(단위:)
	한글명		순중량	(단위: kg)
	화물관리번호		과세가격	(단위:US$)
	유통기한	년 월 일(제조일)부터 년 월 일까지		
항번호	제품명		총수량	(단위:)
	한글명		순중량	(단위: kg)
	화물관리번호		과세가격	(단위:US$)
	유통기한	년 월 일(제조일)부터 년 월 일까지		
항번호	제품명		총수량	(단위:)
	한글명		순중량	(단위: kg)
	화물관리번호		과세가격	(단위:US$)
	유통기한	년 월 일(제조일)부터 년 월 일까지		
항번호	제품명		총수량	(단위:)
	한글명		순중량	(단위: kg)
	화물관리번호		과세가격	(단위:US$)
	유통기한	년 월 일(제조일)부터 년 월 일까지		
항번호	제품명		총수량	(단위:)
	한글명		순중량	(단위: kg)
	화물관리번호		과세가격	(단위:US$)
	유통기한	년 월 일(제조일)부터 년 월 일까지		
항번호	제품명		총수량	(단위:)
	한글명		순중량	(단위: kg)
	화물관리번호	- 170 -	과세가격	(단위:US$)
	유통기한	년 월 일(제조일)부터 년 월 일까지		

[부록 4] 수입 식품 등의 수입 신고 확인증

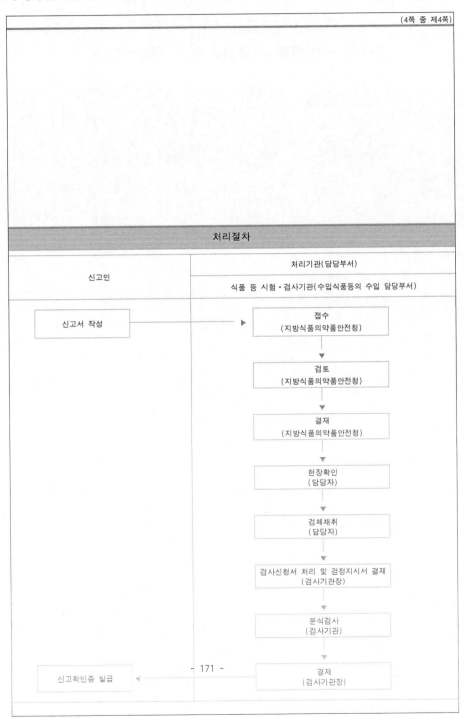

처리절차

신고인	처리기관(담당부서)
	식품 등 시험·검사기관(수입식품등의 수입 담당부서)

신고서 작성 ▶ 접수
(지방식품의약품안전청)

↓

검토
(지방식품의약품안전청)

↓

결재
(지방식품의약품안전청)

↓

현장확인
(담당자)

↓

검체채취
(담당자)

↓

검사신청서 처리 및 검정지시서 결재
(검사기관장)

↓

분석검사
(검사기관)

↓

신고확인증 발급 ◀ 결재
(검사기관장)

- 171 -

[부록 5] 인터넷 구매 대행 식품 수입 등의 수입 신고 확인증

수 있습니다.

인터넷 구매대행 수입식품등의 수입신고서

※ [ ]에는 해당되는 곳에 √ 표를 합니다. (앞쪽)

신고시기	A: 본신고 [ ] B: 사전신고 [ ]	접수번호		접수일자	년	월	일
신고제품구분	1: 가공식품 [ ] 2: 식품첨가물 [ ] 3: 기구 또는 용기·포장 [ ] 4: 건강기능식품 [ ] 5: 축산물 [ ]	처리기간	가공식품 등: 서류검사 2일, 정밀검사 10일 (진균수시험대상 10일, 식품조사처리식품 14일, 가온보존시험 대상식품 15일) 축산물: 서류검사 3일, 정밀검사 18일				

수하인 (수입화주)	성명
	연락처

신고인 (구매대행 영업자)	성명	상호	영업등록번호
	주소		연락처
	전자상거래사이트주소		

송하인	전자상거래사이트주소

입항일	년 월 일	선명(기명)
검사(반입) 장소		(☎ - -)
반입일	년 월 일	선하증권(B/L)번호

항번호	제품명	제조회사명	제조국가	총수량	(단위: EA)	제품 URL
항번호	제품명	제조회사명	제조국가	총수량	(단위: EA)	제품 URL
항번호	제품명	제조회사명	제조국가	총수량	(단위: EA)	제품 URL
항번호	제품명	제조회사명	제조국가	총수량	(단위: EA)	제품 URL
항번호	제품명	제조회사명	제조국가	총수량	(단위: EA)	제품 URL
항번호	제품명	제조회사명	제조국가	총수량	(단위: EA)	제품 URL
항번호	제품명	제조회사명	제조국가	총수량	(단위: EA)	제품 URL

「수입식품안전관리 특별법」 제20조 및 같은 법 시행규칙 제27조제2항에 따라 위와 같이 신고합니다.

- 172 -

년 월 일

신고인 (서명 또는 인)

○○지방식품의약품안전청장 귀하

[부록 6] 수입 식품 등의 유통 이력 추적 관리 등록 신청서

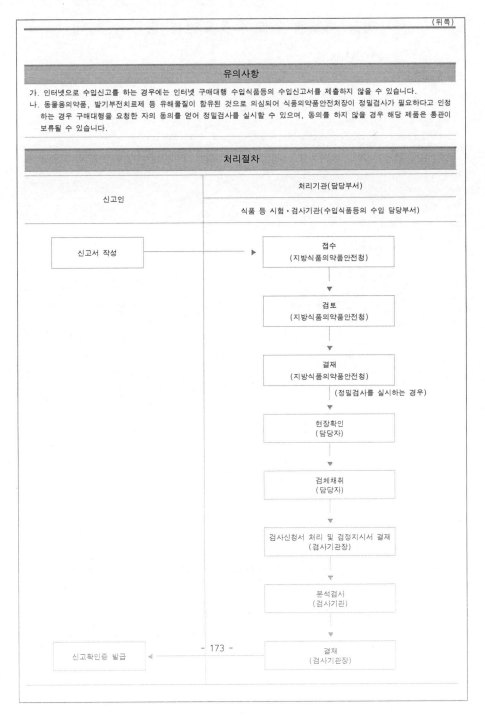

(뒤쪽)

유의사항

가. 인터넷으로 수입신고를 하는 경우에는 인터넷 구매대행 수입식품등의 수입신고서를 제출하지 않을 수 있습니다.

나. 동물용의약품, 발기부전치료제 등 유해물질이 함유된 것으로 의심되어 식품의약품안전처장이 정밀검사가 필요하다고 인정하는 경우 구매대행을 요청한 자의 동의를 얻어 정밀검사를 실시할 수 있으며, 동의를 하지 않을 경우 해당 제품은 통관이 보류될 수 있습니다.

처리절차

신고인 | 처리기관(담당부서)

식품 등 시험·검사기관(수입식품등의 수입 담당부서)

신고서 작성

→ 접수
(지방식품의약품안전청)

▼

검토
(지방식품의약품안전청)

▼

결재
(지방식품의약품안전청)

(정밀검사를 실시하는 경우)

▼

현장확인
(담당자)

▼

검체채취
(담당자)

▼

검사신청서 처리 및 검정지시서 결재
(검사기관장)

▼

분석검사
(검사기관)

▼

- 173 -

결재
(검사기관장)

신고확인증 발급 ◄

자사제품 제조용 원료의 용도변경 승인 신청서

※ [ ]에는 해당되는 곳에 √표를 합니다.

접수번호		접수일자		처리기간	
					7일

신청인 (수입신고인)	상호		성명	
	주소			

신청정보 (수입식품등)	제품구분	1: 농·임·수산물 [ ] 2: 축산물 [ ] 3: 가공식품 [ ] 4: 식품첨가물 [ ] 5: 기구 또는 용기·포장 [ ]	발급번호	(수입신고확인증)
			발급일자	(수입신고확인증)
	제품명		제품유형	
	신고수량	(단위:)	용도변경수량	(단위:)
	신고중량	(단위:kg)	용도변경중량	(단위:kg)
	제조연월일		유통기한	

	승인 전	승인 후
영업의 종류		
영업소 명칭		
대표자		
소재지		
용도변경 사유		

「수입식품안전관리 특별법」 제20조 및 같은 법 시행규칙 제28조제2항에 따라 위와 같이 신청합니다.

년　　월　　일

신고인　　　　　　　　　[서명 또는 인]

○○지방식품의약품안전청장 귀하

첨부서류	1. 「식품위생법」에 따른 식품제조·가공업, 식품첨가물제조업, 용기·포장류제조업, 「건강기능식품에 관한 법률」에 따른 건강기능식품제조업, 「축산물 위생관리법」에 따른 축산물가공업 또는 식육포장처리업의 영업자에게 판매하려는 물량에 대한 계약서 사본 2. 제1호에 따라 해당 원료를 사용하는 자의 영업허가 등 인허가 서류 및 품목제조보고서 사본(전산상으로 확인되는 경우는 제외합니다) 3. 시험·검사성적서(「식품·의약품분야 시험·검사 등에 관한 법률」 제6조에 따라 식품의약품안전처장이 지정한 축산물 시험·검사기관, 식품전문 시험·검사기관 또는 같은 조 제4항 단서에 따라 총리령으로 정하는 시험·검사기관에서 발급한 시험·검사성적서로 한정합니다) 4. 위탁계약서 사본(위탁하여 수입한 경우만 해당합니다)	수수료 없음

처리절차

신청서 작성	→	접수	→	검토	→	결재	→	승인
신청인			지방식품의약품안전청					

수입식품등의 수입신고확인증

	검사관
성명	
연락처	

접 수 번 호		접 수 일 자	년 월 일
발 급 번 호		발 급 일 자	년 월 일

수입 신고인 (수입 화주)	상 호		대표자	
	주 소			

제 조 가 공 업 자	상 호		대표자	
	주 소			

수 입 신 고 대 행 업 자	성 명			
	주 소			

제품명		한글명	
총수량	(단위 :)	순중량	(단위 : kg)
과세가격	(단위 : US$)	검사종류	
화물관리번호		선하증권 (B/L)번호	
생산국(제조국)		수출국	
해외제조업소(해외작업장)		수출업소	
HSK번호		유형 또는 품목	
용도		유통기한만료일	
유전자변형식품표시	표시함[ ] 표시하지 않음[ ] 해당 없음[ ]		
유기식품등 여부	예[ ] 아니오[ ]		
이력번호 (수입쇠고기만 해당함)			
수입신고확인증 발급조건			

제 품 내 역

NO.	제품명	화물관리번호	수량 (단위 :)	순중량 (단위 : kg)	과세가격 (단위 : US$)	유통기한만료일

「수입식품안전관리 특별법」 제20조 및 같은 법 시행규칙 제30조제1항에 따라 위와 같이 신고하였음을 확인합니다.

년 월 일

- 175 -

○○지방식품의약품안전청장 〔관인〕

■ 수입식품안전관리 특별법 시행규칙 [별지 제29호서식] <개정 2018. 2. 9.>

인터넷 구매대행 수입식품등의 수입신고확인증

검사관	
성명	
연락처	

접 수 번 호		접 수 일 자	년 월 일
발 급 번 호		발 급 일 자	년 월 일

수하인 (수입화주)	성 명	
	연 락 처	

신고인 (구매대행자)	성 명		상 호	
	주 소		영업등록번호	

송하인	전자상거래 사이트주소	

제 품 명	

총 수 량	(단위 :)	검 사 종 류	

제 품 내 역

NO.	제품명	수량(단위 :)

「수입식품안전관리 특별법」 제20조 및 같은 법 시행규칙 제30조제2항에 따라 위와 같이 신고하였음을 확인합니다.

년 월 일

○○지방식품의약품안전청장 [관인]

- 176 -

■ 수입식품안전관리 특별법 시행규칙 [별지 제32호서식] <개정 2022. 1. 21.> 정부24(www.gov.kr)에서도 신청할
수 있습니다.

수입식품등의 유통이력추적관리 등록신청서

접수번호		접수일자	발급일자	처리기간	
					40일

신청인	성명		생년월일	
	주소		전화번호	

영업소	명칭(상호)		업종(등록번호)	
	소재지		전화번호	

	제품명		생산국(제조국)	
신청내역	제조회사	회사명		
		소재지		
	수출회사	회사명		
		소재지		

「수입식품안전관리 특별법」 제23조제1항 및 같은 법 시행규칙 제36조제1항에 따라 수입식품등
유통이력추적관리 등록을 신청합니다.

년   월   일

신청인   [서명 또는 인]

지방식품의약품안전청장 귀하

첨부서류	1. 별지 제28호서식의 수입식품등의 수입신고확인증 사본 1부 2. 식품의약품안전처장이 정하여 고시하는 사항을 포함한 수입식품등의 유통이력추적관리 계획서 1부	수수료 없음

처리절차								
신청서 작성	→	접수	→	검토 - 177-	→	현지 확인 및 심사	→	판정 및 결재	→	등록증 발급
신청인						지방식품의약품안전청		

제2장

해외 작업장
등록 관련 규정

125)

제1절 해외 작업장 등록에 관한 규정

125)   [시행 2018. 9. 19.] [식품의약품안전처예규 제118호, 2018. 9. 19., 제정.]

해외 작업장 등록에 관한 규정

이 규정은 「수입 식품법」 제12조 및 같은 법 시행 규칙 제12조에 따라 식약처장이 실시하는 해외 작업장의 등록 방법 등에 대한 세부 사항 등을 정함이 목적이며(제1조), 「수입 식품법」에 따라 등록이 필요한 해외 작업장을 대상으로 한다(제3조).

1. 해외 작업장 등록 방법

「해외 작업장 등록에 관한 규정」 제4조1항 관련 해외 작업장 등록 방법을 [별표 1]을 근거로 요약해 본다.

가. 현지 실사

현지 실사의 방법으로 해외 작업장을 등록하는 경우는 다음과 같으며 다만, 식약처장이 물가 조절 등의 사유로 수입이 긴급히 필요하다고 인정하는 경우에는 한시적으로 서류 검토를 통해 등록할 수 있다.

현지 실사 대상

---

① 식육은 수입 위생 평가를 통하여 신규로 수입이 허용된 국가의 동일 축종 해외 작업장에 대한 현지 실사를 해외 작업장 단위로 10개 소 미만 실시한 경우

② 식용란[128] 또는 축산물 가공품[129]은 수입 위생 평가를 통하여 신규로 수입이 허용된 국가의 동일 품목 해외 작업장에 대한 현지 실사를 해외 작업장 단위로 5개 소 미만 실시한 경우

③ 축종, 품목과 상관없이 최근 3회 현지 실사를 한 결과 50% 이상 부적합 또는 개선 필요로 판정되었거나, 수입 위생 요건의 중대한 위반 행위가 발생한 국가의 해외 작업장

④ 식품의약품안전처장이 사람의 건강에 중대한 위해를 끼치는 식품 안전 사고가 발생하거

---

128) 닭·오리 및 메추리의 알. 해외작업장 등록에 관한 규정 제2조.2.다
129) 식육가공품, 유가공품, 알가공품. 해외작업장 등록에 관한 규정 제2조.2.라

나 발생할 우려가 있는 것으로 인정하는 국가의 동일 품목 해외작업장

⑤ 과거 등록을 위한 현지실사 결과 미등록으로 판정된 작업장에서 다시 등록을 요청하는 경우

⑥ 국가 간 협의에 의하여 수입 위생 요건 등에 명시된 경우

⑦ 농림축산식품부 등 유관 기관과의 상호 협의에 따라 해외 작업장의 신규 등록 시 합동 현지 실사가 필요한 경우

⑧ 해외 위해 정보가 있는 등 식품의약품안전처장이 현지 실사가 필요하다고 인정한 경우

서류 검토 대상

---

① 현지 실사의 방법 또는 국가 간에 상호 협의 된 방법에 해당하지 않는 경우

② 국가 간 협의에 의하여 수입 위생 요건 등에 명시된 경우

③ 식육 보관장을 등록하는 경우

2. 해외 작업장 등록을 위한 서류

필요 서류
---

① 최근 1년 이내에 식약처장이 정하여 고시한 점검 기준에 따라 수출국 정부가 점검한 점검
표 또는 수출국 정부가 자국의 기준에 따라 실시한 위생 점검 결과 사본(위생 점검 결과 부적
합한 항목이 있는 경우 개선 조치 결과를 포함한다)

② 수출국 정부에서 인정한 해당 해외 작업장의 영업에 관한 인허가 서류로서 작업장의 명
칭, 소재지, 대표자명, 작업장 번호(식육을 생산, 취급하는 작업장 등 작업장 번호가 있는 경우에
한한다.)가 기재된 문서 사본

③ 안전관리인증기준(HACCP) 또는 그에 상응하는 식품 안전 관리 인증 기준을 적용한 작업
장인 경우 HACCP 계획서 등 해당 인증 기준의 계획서 요약본 및 중요관리점(CCP)이 표
시된 작업 공정도 사본

④ 안전관리인증기준(HACCP) 또는 그에 상응하는 식품 안전 관리 인증 기준을 적용하지 않
은 작업장인 경우 위생관리기준(SSOP) 요약본 및 작업 공정도 사본

⑤ 그 밖에 축산물의 안전성 확보를 위하여 식품의약품안전처장이 필요하다고 인정한 서류

▶ 서류의 일부 생략 가능: 현지 실사 또는 국가 간에 상호 협의된 내용에 따라 해외 작업
장의 등록 여부를 결정하는 경우

3. 해외 작업장 등록 결정

서류 검토의 방법으로 등록 결정

---

① 위 '2.①'에 따른 서류를 모두 제출하고, 서류 검토 결과 적절하다고 판단되는 경우: 등록

② 위 '2.①'에 따른 서류의 일부를 제출하지 아니하거나, 서류 검토 결과 개선이 필요하다고 판단되는 경우: 보완

③ 위 '2.①'에 따른 서류의 전부를 제출하지 아니하거나, 서류 검토 결과 부적합하다고 판단되거나, 「축산물의 수입 허용 국가(지역) 및 수입 위생 요건」에 따라 수입이 허용되지 않는 국가의 품목인 경우: 미등록

현지 실사의 방법으로 등록 결정

식약처장이 고시하는 「해외 제조 업소 및 해외 작업장 현지 실사 방법 및 기준」에 따라 등록, 시정 요청, 미등록으로 결정

국가 간 상호 협의 된 방법으로 등록 결정

수출국 정부가 한국 수출 작업장으로 승인한 목록을 통보하면 「해외작업장 등록에 관한 규정」 별표 2에 따라 해외 작업장으로 등록한다.

[부록 1] 해외 제조 업소(등록 신청서, 변경 등록 신청서, 등록 갱신 신청서)

■ 수입식품안전관리 특별법 시행규칙 [별지 제1호서식] <개정 2022. 3. 2.>　　정부24(www.gov.kr)에서도 신청할 수 있습니다.

해외제조업소

[ ] **등록신청서** Application for Registration of Foreign Food Facility

[ ] **변경등록신청서** Application for Updating Registration of Foreign Food Facility

[ ] **등록갱신신청서** Application for Renewing Registration of Foreign Food Facility

※ [ ]에는 해당되는 곳에 √표를 합니다. Check the applicable brackets
(인터넷으로 구매를 대행하여 수입하는 경우는 제외 Business of online purchasing of imported food, etc by proxy is excluded from registration)　　(앞쪽 Front page)

접수번호 Receipt number	접수일자 Date of receipt 년 year 월 month 일 day	처리기간 Processing time 3일 3 days
등록코드(변경등록 또는 등록갱신인 경우) Registration code (For update of registered information or renewal of registration)		

신청인 Applicant Information	[ ] 해외제조업소의 설치·운영자 Person who establishes and operates a foreign food facility [ ] 수입자 Importer ※ 수입자인 경우 아래 사항을 작성 If"Importer", provide the below information ■ 업소명 Company name (　　)　　■ 영업등록번호 Business registration No. (　　) ■ 소재지 Address (　　)　　■ 전자우편주소 E-mail address (　　) ■ 전화번호 Phone number (　　)
등록유형 Type of Registration	[ ] 최초등록 Initial registration [ ] 변경등록 Update of registered information [ ] 등록갱신 Renewal of registration
업소정보 Facility Information	업소명 Name of facility　　대표자 Representative 소재지 Address　　국가 Country 전화번호 Phone number including area/country code 전자우편주소 E-mail 팩스번호(선택) Fax number including area/country code, *Optional*
식품정보 Food Information	생산 품목 Type of food	(「식품위생법」 제7조 및 제9조, 「건강기능식품에 관한 법률」 제14조 및 제15조에 따른 기준 및 규격에서 정하는 유형 Types of food set by standards and specifications pursuant to Articles 7 and 9 of the Food Sanitation Act and Articles 14 and 15 of the Functional Health Foods Act) [ ] 농산물 Agricultural products [ ] 가공식품 Processed foods [ ] 기구·용기·포장 Apparatus, or containers and packages [ ] 수산물 Fishery products [ ] 식품첨가물 Food additives [ ] 건강기능식품 Functional health foods

- 183 -　　210mm×297mm[백상지(80g/㎡) 또는 중질지(80g/㎡)]

[부록 2] A CONFIRMATION FORM OF REGISTERED INFORMATION 해외 제조 업소

■ 수입식품안전관리 특별법 시행규칙 [별지 제1호의2서식] <신설 2021. 6. 30.>

A CONFIRMATION FORM OF REGISTERED INFORMATION
-Agreement form of foreign food facility-

INSTRUCTIONS	• According to Article 5 of the Special Act on Imported Food Safety Control, a person who intends to import food, etc. into the Republic of Korea or person who establishes and operates a foreign food shall register his/her facility as a foreign food facility with the Minister of Food and Drug Safety before he/she files an import declaration. • The period of validity of registration of a foreign food facility shall be two years from the date of such registration. The registration shall be renewed at least seven days prior to expiration. • If the registration is found to have fraudulent information or the facility has been registered in an inappropriate way, the registration may be revoked and products from the facility may be refused to be imported to Korea. • For successful registration, manufacturers shall fill out this form to satisfy the registration requirements, have the agreement of MFDS inspection and thereby inform *importer* of all of the information and the agreement. • Please mark √ in [ ] if applicable. ☞ If you already have the confirmation number for your facility assigned by MFDS, please inform importer.

TYPE OF REGISTRATION	[ ] Initial registration [ ] Update of registered information [ ] Renewal of registration
	Facility Registration Number — * If update or renewal of registration, provide MFDS Facility Registration Number

FACILITY INFORMATION	• Name of Facility :	• Representative :
	• Address : * Please enter the full address of the facility	
	• City :	• State :
	• Zip Code :	* if not applicable, please enter Province/Territory
	• Country :	• Contact Name :
	• E-mail :	• Fax number :
	• Phone number(*include area/country code) :	• Cell phone, *Optional* :

TYPE OF CATEGORY	[ ] Agricultural products [ ] Food additives [ ] Fishery products	[ ] Processed foods [ ] Apparatus, or containers and packages [ ] Functional health foods

FOOD SAFETY MANAGEMENT SYSTEM * Application for the food, if applicable.	[ ] No [ ] Yes ※ If "Yes", check as applicable or specify the system [ ] HACCP [ ] ISO 22000 [ ] Other ( ) ※ Whether to be certified by a certification body [ ] No [ ] Yes ※ If "Yes", provide the following information Title of certification : Certification body : Certification date : MM-DD-YYYY Expiration date : MM-DD-YYYY

[ ] The person who establishes and operates the foreign food facility concerned agrees that if the Minister of Food and Drug Safety deems it necessary, he/she may visit and inspect the foreign food facility.

[ ] The applicant certifies that the above information is true and accurate.

[ ] The person who establishes and operates the foreign food facility concerned has checked and agreed on the above registration (update of registered information, or renewal of registration)

Company Name :   Date : MM-DD-YYYY

Name & Title :

I hereby certify that the above information is complete and true _____ (Signature)

[부록 3] 국가 간에 상호 협의 된 방법으로 등록하는 해외 작업장의 종류(제6조 제3항 관련)

구분	해외 작업장 종류
가. 수입 위생 요건 등에 해외 작업장의 등록 방법이 명시된 경우	(1) 미국 쇠고기 도축장, 식육 포장 처리장, 식육 보관장
나. 법 시행 이전에 국가 간 협의에 의해 수출국 정부가 한국 수출 작업장으로 승인한 목록을 통보하여 등록하는 해외 작업장인 경우	(1) 호주 도축장, 식육포장처리장, 식육가공장, 식육보관장 (2) 뉴질랜드 도축장, 식육포장처리장, 식육가공장, 식육보관장 (3) 미국 도축장, 식육포장처리장, 식육보관장, 식육가공장. 단, 쇠고기 및 쇠고기 제품은 가목에 따른다. (4) 캐나다 도축장, 식육포장처리장, 식육보관장, 식육가공장, 단, 쇠고기 및 쇠고기 제품을 취급하는 도축장, 식육포장처리장 및 식육가공장은 제외
다. 식품의약품안전처장이 수출국의 작업장 관리 시스템에 대한 평가 등을 통하여 수출국 정부가 한국 수출 작업장으로 승인한 목록을 통보하여 등록하는 것으로 인정한 국가의 해외 작업장인 경우	(1) 뉴질랜드 유가공장

건강 기능 식품에 관한 법률
[시행 2022. 7. 28.] [법률 제18359호, 2021. 7. 27., 일부 개정]

건강 기능 식품 기능성 원료 및 기준·규격 인정에 관한 규정
[시행 2021. 7. 29.] [식품의약품안전처고시 제2021-66호, 2021. 7. 29., 일부 개정]

건강 기능 식품의 기준 및 규격
[시행 2022. 9. 15.] [식품의약품안전처고시 제2022-69호, 2022. 9. 15., 일부 개정]

건강 기능 식품의 표시 기준
[시행 2022. 8. 12.] [식품의약품안전처고시 제2022-59호, 2022. 8. 12., 일부 개정]

관세법
[시행 2022. 9. 18.] [법률 제18976호, 2022. 9. 15., 일부 개정]

나트륨·당류 저감 표시 기준
[시행 2022. 6. 10.] [식품의약품안전처고시 제2022-42호, 2022. 6. 10., 일부 개정]

나트륨 함량 비교 표시 기준 및 방법

[시행 2022. 1. 1.] [식품의약품안전처고시 제2019-32호, 2019. 4. 29., 일부 개정]

남북 교류 협력에 관한 법률

[시행 2021. 3. 9.] [법률 제17564호, 2020. 12. 8., 일부 개정]

농수산물의 원산지 표시 등에 관한 법률

[시행 2022. 1. 1.] [법률 제18525호, 2021. 11. 30., 일부 개정]

농수산물의 원산지 표시 등에 관한 법률 시행 규칙

[시행 2022. 1. 1.] [농림축산식품부령 제511호, 2021. 12. 31, 일부 개정]

농수산물의 원산지 표시 등에 관한 법률 시행령

[시행 2022. 9. 16.] [대통령령 제32542호, 2022. 3. 15, 일부 개정]

농수산물의 원산지 표시 요령

[시행 2019. 10. 15.] [농림축산식품부고시 제2019-56호, 2019.10.15. 일부 개정]

대외 무역 관리 규정

[시행 2022. 3. 25.] [산업통상자원부고시 제2022-56호, 2022. 3. 25., 일부 개정]

대외 무역법

[시행 2022. 12. 11.] [법률 제18885호, 2022. 6. 10., 일부 개정]

대외 무역법 시행령

[시행 2022. 11. 1.] [대통령령 제32968호, 2022. 11. 1., 타 법 개정]

부당한 표시 또는 광고로 보지 아니하는 식품 등의 기능성 표시 또는 광고에 관한 규정

[시행 2023. 1. 1.] [식품의약품안전처고시 제2022-25호, 2022. 3. 31., 타 법 개정]

분리 배출 표시에 관한 지침

[시행 2022. 1. 1.] [환경부고시 제2021-140호, 2021. 7. 9., 일부 개정]

상표법

[시행 2023. 2. 4.] [법률 제18817호, 2022. 2. 3., 일부 개정]

선박 안전법

[시행 2020. 8. 19.] [법률 제17028호, 2020. 2. 18., 일부 개정]

수입 식품 등 검사에 관한 규정

[시행 2023. 1. 1.] [식품의약품안전처고시 제2022-25호, 2022. 3. 31., 타 법 개정]

수입 식품 안전 관리 특별법 (약칭: 수입 식품법)

[시행 2023. 6. 11.] [법률 제18965호, 2022. 6. 10., 일부 개정]

수입 식품 안전 관리 특별법 시행 규칙

[시행 2022. 9. 3.] [총리령 제1800호, 2022. 3. 2., 일부 개정]

수입 식품 안전 관리 특별법 시행령

[시행 2022. 2. 18.] [대통령령 제32444호, 2022. 2. 15., 일부 개정]

식품 등의 부당한 표시 또는 광고의 내용 기준

[시행 2021. 11. 10.] [식품의약품안전처고시 제2021-89호, 2021. 11. 10., 일부 개정]

식품 등의 표시·광고에 관한 법률

[시행 2021. 9. 18.] [법률 제18445호, 2021. 8. 17., 일부 개정]

식품 등의 표시·광고에 관한 법률 시행 규칙

[시행 2023. 1. 1.] [총리령 제1813호, 2022. 6. 30., 일부 개정]

식품 등의 표시·광고에 관한 법률 시행령

[시행 2022. 6. 7.] [대통령령 제32686호, 2022. 6. 7., 일부 개정]

식품 등의 표시 기준

(식품의약품안전처 고시 제2022-25호, 2022. 3. 31., 일부 개정)

식품 등의 표시 또는 광고 실증에 관한 규정

[시행 2019. 7. 30.] [식품의약품안전처고시 제2019-67호, 2019. 7. 30., 제정]

식품 등의 표시 또는 광고 심의 및 이의 신청 기준

[시행 2019. 3. 22.] [식품의약품안전처고시 제2019-23호, 2019. 3. 22., 제정]

식품의 기준 및 규격

[시행 2022. 12. 1.] [식품의약품안전처고시 제2022-84호, 2022. 12. 1., 일부 개정]

식품 위생법

[시행 2022. 12. 11.] [법률 제18967호, 2022. 6. 10., 일부 개정]

식품 위생법 시행 규칙

[시행 2022. 10. 29.] [총리령 제1803호, 2022. 4. 28., 일부 개정]

식품 위생법 시행령

[시행 2022. 7. 28.] [대통령령 제32814호, 2022. 7. 19., 일부 개정]

식품 첨가물의 기준 및 규격

[시행 2022. 6. 30.] [식품의약품안전처고시 제2022-48호, 2022. 6. 30., 타 법 개정]

원양 산업 발전법

[시행 2022. 2. 18.] [법률 제18429호, 2021. 8. 17., 일부 개정]

주세법

[시행 2022. 1. 1.] [법률 제18593호, 2021. 12. 21., 일부 개정]

자원의 절약과 재활용 촉진에 관한 법률

[시행 2022. 6. 10.] [법률 제17426호, 2020. 6. 9., 일부 개정]

자원의 절약과 재활용 촉진에 관한 법률 시행 규칙

[시행 2023. 1. 1.] [환경부령 제963호, 2021. 12. 31., 일부 개정]

자원의 절약과 재활용 촉진에 관한 법률 시행령

[시행 2023. 1. 1.] [대통령령 제32148호, 2021. 11. 23., 일부 개정]

전자 상거래 등에서의 소비자 보호에 관한 법률

[시행 2021. 12. 30.] [법률 제17799호, 2020. 12. 29., 타 법 개정]

축산물 위생 관리법

[시행 2021. 12. 21.] [법률 제18632호, 2021. 12. 21., 일부 개정]

환경성 표시·광고 관리 제도에 관한 고시

[시행 2019. 1. 22.] [환경부고시 제2019-24호, 2019. 1. 22., 일부 개정]

해외 작업장 등록에 관한 규정

[시행 2018. 9. 19.] [식품의약품안전처예규 제118호, 2018. 9. 19., 제정]

해외 제조 업소 및 해외 작업장 현지 실사 방법 및 기준

[시행 2023. 1. 1.] [식품의약품안전처고시 제2022-25호, 2022. 3. 31., 타 법 개정]

기업 담당자를 위한 제품 환경성 표시 광고 길라잡이, 환경부, 한국환경산업기술원, 2018.

분리배출 표시 가이드북, 환경부, 환경공단, 2021.

식품안전나라 식품 표시·광고 FAQ http://www.foodsafetykorea.go.kr
알기 쉬운 식품 등의 품목제조보고 요령, 식약처, 2020.07.30

일반 식품의 기능성 표시 제도 질의응답집(민원인 안내서), 식약처 식품표시정책과, 2021.01.

자연상태 식품 표시 관련 질의 답변, 식약처 식품표시정책과, 2022.07.20
"주문자 상표(OEM) 수입 식품 관련 안내 사항" 식약처

2022 수입 식품 등 검사연보, 식약처